# MANUAL DEL INVESTIGADOR
# PARANORMAL

# MANUAL DEL INVESTIGADOR
# PARANORMAL

MIGUEL ÁNGEL SEGURA

AMERICAN
BOOK GROUP

# MANUAL DEL INVESTIGADOR PARANORMAL

Fecha de publicación: Mayo 2023

Autor: © Miguel Ángel Segura

Elaboración de textos: Santos Rodríguez

Copyright del editor de la presente edición:
© 2023 American Book Group

Copyright del editor original:
© 2023 Ediciones Nowtilus, S.L.

Fotografía de cubierta: © Mangojuicy / Dreamstime.com

ISBN ABG: 978-1681657-94-3

Impreso en los Estados Unidos de América

**AMERICAN**
BOOK GROUP
AmericanBookGroup.com

# Agradecimientos

Quisiera mencionar especialmente a Fran Recio, director de *Enigma 03*; Toni y María de *Oberón Misteria*; José Ros y Carlos Carrasco de *Sociedad FPG*; José Moral de la productora Visual-Beast; y Salvador Nonell y Teresa Porqueras de la productora TevaFilms, por dejarme poner algunas de sus fotografías en este libro. También a mi amigo Alberto Carmona por cedernos la fotografía para la cubierta.

Gracias a todos aquellos que siempre me apoyan y se interesan por mi trabajo. Este libro está escrito con toda la fuerza que siempre me brindan, sin ellos mi labor sería mucho más costosa. Gracias a todos.

No me quiero olvidar de Nowtilus, que me ha ofrecido la oportunidad de poder escribir este manual de investigación, algo ansiado por todo amante del misterio cuando comienza su andadura en busca de lo desconocido.

Por último, gracias a mis amigos y a mi familia por aguantarme.

# Índice

# Introducción

Desde 1848, año en el que diera comienzo la investigación paranormal y el espiritismo moderno, según tengo constancia, jamás se ha escrito en España un manual sobre investigación paranormal. Al menos, yo no lo he encontrado en estos ocho años de búsqueda en ninguna editorial. Por eso, creo que este libro creará un antes y un después en el mundo de la investigación. Desde que uno se inicia en este campo de estudio, ansía encontrar algún método que le ayude a comenzar a investigar y, sin embargo, hasta ahora que presentamos la obra que tienes entre tus manos, parece ser que encontrarlo era casi un milagro.

En este manual conoceremos los inicios de la investigación: cómo fue la historia que abrió la veda al estudio de estos fenómenos, en casa de los Fox, en el año 1848. También conoceremos las primeras investigaciones oficiales que se llevaron a cabo en España, como por ejemplo el caso de Tócame Roque, el Duende de Zaragoza, las Caras de Bélmez, el Teatro Reina Sofía y el caso Vallecas.

Nos adentraremos en las biografías de los primeros investigadores mundiales y de los más reconocidos en la actualidad. Además, conoceremos los diferentes grupos de investigación, asociaciones, programas de radio, televisión, revistas y productoras que se dedican al mundo de lo paranormal.

Nos adentraremos en los lugares más comunes en los que podemos investigar, y nos enfrentaremos a los peligros con los cuales podemos toparnos en situaciones reales, para aprender a combatirlos. Analizaremos, además, las medidas de seguridad que podemos emplear en estos enclaves para evitar confusiones entre lo paranormal y lo terrenal.

Un capítulo estará dedicado a conocer la parte técnica de las investigaciones: qué tipo de aparatos podemos utilizar y la diferencia que existe entre ellos, haciendo hincapié en la importancia que tiene el investigador, a la hora de que una investigación sea segura, rigurosa y sobre todo fructífera.

Otra parte del libro se centrará en conocer los diferentes tipos de fenómenos paranormales, a los cuales nos podremos enfrentar en nuestras investigaciones, igual que sus patrones de conducta. También expondremos una serie de experimentos que se pueden hacer durante las investigaciones.

Estos experimentos los realizaremos a lo largo de otro capítulo, para finalizar con un test de simulación de investigación, elaborado con preguntas basadas en hipotéticas situaciones en lugares reales, que nos ayudarán a saber si estamos preparados para comenzar esta trepidante aventura en nuestras vidas, la de investigador de fenómenos paranormales.

Como imagino que estarán ansiosos por comenzar a introducirse de lleno en el manual, no extiendo más esta introducción y les doy paso al primer capítulo…

# Capítulo 1

# Los inicios de la investigación paranormal

El dogma de la existencia de la vida después de la muerte acompaña al ser humano a través del tiempo, aunque esta creencia se haya ido modernizando desde las civilizaciones más antiguas hasta nuestros días. Sólo tenemos que echar la vista atrás y ver cómo la cultura egipcia, los griegos en su más remota antigüedad o las civilizaciones de Mesoamérica daban una importancia tremenda a la muerte y sobre todo a la nueva vida que esperaba a ese otro lado, ya que para la mayoría de culturas de todos los tiempos la muerte es un simple tránsito hacia otra forma de vida.

Con el paso de los siglos estas creencias evolucionan, pero nadie hasta el siglo XIX se había planteado la posibilidad de estudiar de forma seria y oficial algunos sucesos y fenómenos extraños relacionados en muchas ocasiones con la muerte. Todo lo que no tenía explicación era asociado hasta entonces a los dioses o al inframundo. Fue el 31 de marzo de 1848 cuando comienza a forjarse, de forma casual, la primera investigación paranormal de la historia en una casa de Hydesville en el estado de Nueva York. Así nace también lo que conocemos actualmente como espiritismo moderno.

## Las hermanas Fox

En la casa de los Fox comenzaron a producirse ruidos y golpes extraños en paredes y muebles, además de pasos que rápidamente alertaron a la familia, la cual no tardó en llegar a la conclusión de que en la vivienda moraba un espíritu.

Los Fox residían en la casa desde finales de 1847. Sólo tres de las siete hijas, Catherine de doce años, Margaretta de catorce y Leah de treinta cuatro años, vivían en esa fecha con sus padres. La convivencia era tranquila, la relación entre padres e hijos estupenda y todo transcurría con la más absoluta normalidad hasta que, transcurridos unos meses de estar viviendo en el inmueble, unos extraños ruidos y golpes empezaron a preocupar a la familia, sobre todo cuando estos sonidos comenzaron a manifestarse junto a otros fenómenos que todos identificaban como pasos. Fue tan grande el miedo que comenzó a invadir a las dos niñas pequeñas que la noche del 31 de marzo decidieron acostarse en la habitación de sus padres. Era la única forma de poder apaciguar un poco el terror que esos fenómenos les estaban causando. Sin embargo, esa noche los fenómenos volvieron a producirse, pero en esta ocasión, Catherine se armó de valor. Abrazó a sus padres, imitó con sus propias manos uno de esos sonidos inexplicables que se producían en la casa y dijo en voz alta: «Señor Pezuñas, haga como yo». Tras golpear la niña la pared, la entidad repitió el sonido. Fue entonces cuando Margaretta se sumó al improvisado experimento y le preguntó a la entidad, que ya habían bautizado como «señor Pezuñas», si podía repetir lo que ella iba hacer. Dio cuatro golpes secos en la pared, que el señor Pezuñas nuevamente volvió a imitar, lo que generó un pánico terrible y un desconcierto abismal entre los habitantes del inmueble. Sin embargo Catherine, con el paso de los días, mientras su padre Joe Fox y sus hermanas mayores seguían aterradas por los golpes, continuó comunicándose en solitario en forma de juego rítmico con el señor Pezuñas, quien imitaba una y otra vez los golpes que la niña producía con sus propias manos.

Una noche las tres hermanas decidieron realizar una comunicación conjunta. Se sentaron alrededor de una mesa y establecieron un código de comunicación: un golpe significaba «sí», dos golpes «no».

Esa sesión se abrió con la pregunta que pasaría a la historia como canónica para iniciar cualquier contacto paranormal, bien sea mediante

Las hermanas Fox. Imagen del documental *Psicofonías* de la productora Visual-Beast.
Cortesía de José Moral.

ouija, psicofonía u otro método de comunicación con el más allá. La pregunta fue: «¿Hay alguien aquí?».

Esa noche, mediante su investigación, las hermanas Fox supieron que la entidad que se comunicaba con ellas estaba muerta. Según informó en esas comunicaciones fue asesinada en esa casa. Se trataba de un varón y sus huesos seguían enterrados bajo la vivienda.

En años posteriores al suceso se realizaron unas excavaciones en el inmueble. Apareció enterrado en posición fetal el cuerpo de un hombre que había sido asesinado. Se trataba de un buhonero de unos treinta años.

Ese fue el comienzo de la investigación paranormal y, aunque parezca increíble, fue una niña de doce años quien abrió una puerta hacía un mundo apasionante. Hoy en día hay millones de personas que investigan de forma seria los fenómenos paranormales.

## Los primeros investigadores

Los años posteriores al inicio de la investigación paranormal y el espiritismo moderno fueron cruciales para el desenlace de la investigación actual, ya que, al contrario de lo que muchos puedan pensar, fueron hombres de ciencia quienes impulsaron el tema paranormal de forma seria dentro de la sociedad.

El primer hombre de ciencia que se topó con lo extraño —hablamos siempre según la versión oficial— fue el antropólogo norteamericano Valdemar Borgas. Se encontraba en Siberia registrando cánticos chamánicos de la tribu tutsi, concretamente fórmulas de invocación a los muertos, cuando de repente aparecieron voces en su aparatoso medio de registro, que según se intuye pudo inventar Thomas Alva Edison, quien como veremos más adelante fue un pilar fundamental en la investigación paranormal. Las voces no se correspondían con esos cánticos de invocación; incluso algunas de ellas se escuchaban más fuerte que la de los propios chamanes, mientras que otras parecían susurrar encima del rudimentario «micrófono». Valdemar no daba crédito a lo que había registrado. Así, en el año 1901, la ciencia y las psicofonías se cruzan en el mismo camino por primera vez en la historia, cuando este antropólogo registra la primera voz psicofónica de la que se tiene constancia oficialmente. Con ello, descubre uno de los métodos de investigación más importantes y más utilizados por los investigadores del siglo XXI. En esas fechas no hay que perder de vista a otros genios como el prestigioso empresario e inventor que patentó más de mil inventos, entre ellos el fonógrafo y el telégrafo: Thomas Alva Edison (1847-1931), conocido también por introducir la corriente eléctrica y las películas en los Estados Unidos y Europa. Este genio de la ciencia fue el último de los siete hijos del matrimonio de Samuel Edison y su esposa Nancy. Thomas no llegó a conocer a tres de sus hermanos mayores: los primeros hijos del matrimonio curiosamente fallecieron antes que él naciera. Según algunos historiadores esto fue lo que impulsó al inventor a investigar sobre la vida después de la muerte.

Fue a la edad de ocho años cuando Edison decide esforzarse en el estudio y dedicar su vida a ser un hombre de ciencias, tras un incidente en el colegio en el que su profesor lo calificó de mal alumno y poco aplicado. Ese día el joven llegó a su casa llorando, tremendamente afectado

Thomas Alva Edison. Fotografía de *La Vanguardia*, 8 de julio de 1977.

por la humillación pública a la que el maestro lo había sometido ante sus compañeros. Su madre se convertiría en el espíritu y la fuerza que acompañaría el resto de su vida a Thomas Alva Edison, que llegó a ser así uno de los personajes de ciencia más importantes de la historia mundial. Así lo relataba el propio Edison:

> Descubrí que una madre suele ser algo maravilloso, ya que mamá me cogió de la mano y me llevó de regreso a la escuela. Hecha una furia, le dijo al profesor que no sabía lo que estaba diciendo. Mamá fue la defensora más entusiasta que hubiera podido tener cualquier niño, y fue exactamente en ese instante cuando tomé la decisión de que sería digno de ella y le demostraría que no estaba equivocada.

La primera patente del inventor llegó en el año 1868. El joven Thomas creó un aparato para contar votos, un simple mecanismo que constaba de dos botones: uno para el voto a favor y otro para el voto en contra. El comité de patentes consideró que ese invento podía ser fácilmente manipulable para cometer fraudes en las votaciones, por ello le denegaron la patente y no pudo registrar su invento. Sin embargo, el incansable genio

17

siguió trabajando sin perder la esperanza ni la ilusión. En el año 1877 mostró al mundo uno de sus mayores inventos: el fonógrafo, aparato que reproduce el sonido grabado, que estuvo en auge durante varias décadas y fue el sistema de uso más común y el predecesor de los actuales magnetófonos.

Hasta la llegada del fonógrafo, sólo existía un aparato inventado por el francés Édouard León Scott, llamado fonoautógrafo. Era capaz de registrar el sonido pero no de reproducirlo, por lo tanto Edison dio un salto tremendo en la historia y la ciencia al inventar y patentar el primer aparato capaz de registrar el sonido y reproducirlo posteriormente. Con este sistema grabó el antropólogo Valdemar Borgas su primera psicofonía en Siberia.

Se comenta en los círculos de la ciencia menos ortodoxa que Thomas Alva Edison creó el fonógrafo y otros inventos intentando buscar un instrumento para comunicarse con los muertos. La verdad es que si hacemos referencia a la entrevista que le realizaron en la revista *Scientific American* en el año 1920 —una de las más prestigiosas revistas de ciencia de la época y de la historia—, nos damos cuenta de que esta parte de la ciencia más abierta tenía y tiene aún hoy en día razón en afirmar que Edison buscaba crear un instrumento para comunicarse con las personas fallecidas. Comentaba el inventor:

> Si nuestra personalidad sobrevive es estrictamente lógico suponer que retiene la memoria, el intelecto y otras facultades y conocimientos que adquirimos en este mundo, por lo tanto, si la personalidad sigue existiendo después de lo que llamamos muerte, resulta razonable deducir que quienes han abandonado la tierra desearían comunicarse con las personas que han dejado en este mundo. Me inclino a creer que nuestra personalidad podrá afectar la materia en un futuro. Entonces, si este razonamiento fuera correcto y si pudiéramos crear un instrumento tan sensible como para ser afectado o movido o manipulado por nuestra personalidad tal como esta sobrevive en la otra vida, semejante instrumento, cuando dispongamos de él, tendría que registrar algo.

En los años posteriores al fallecimiento del inventor, supuestamente este se comunicó con una médium para guiarla hasta los planos de este aparato que, según decía el supuesto Edison mediante su comunicación

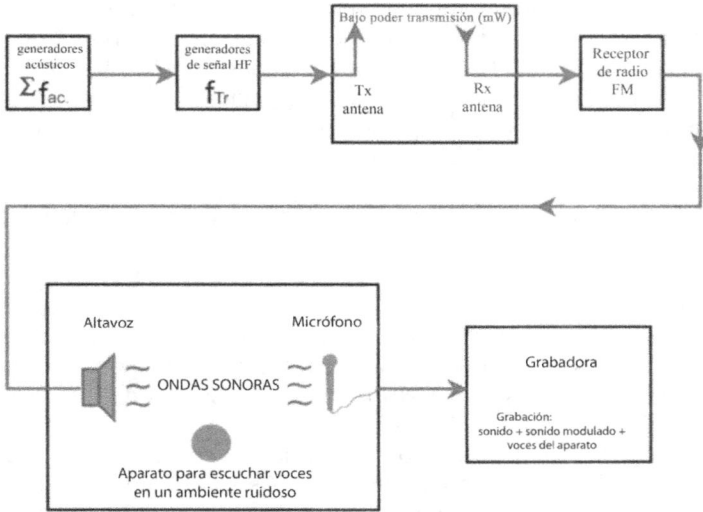

**Diagrama del Spiricom modelo IV dispositivo
de la Fundación Metascience**

$\sum f_{ac}$ - frecuencia acústica simple mixta (13 ondas: 131, 141, 151, 241, 272, 282, 292,
302, 415, 433, 515, 653, 701 Hz)

$f_{Tr}$ - HF señal del generador modulada $\sum f_{ac}$ (FM - modulación de la frecuencia)

El alcance de la señal HF es 29 - 31 Mhz (por ejemplo: 29,570 Mhz)

Modelo V-A del Spiricom. Fotografía de la fundación MetaScience.

médiumnica, había conseguido inventar. Lo cierto es que se encontraron los planos, pero nunca se pudo llegar a reproducir dicho aparato. Lo que sí se llegó a construir en años posteriores fue el Spiricom (*Spiritual Communication*), un complejo y gran sistema inventado por el médium y técnico en electrónica Will O'Nell, quien dedico diez años en la década de los setenta a su construcción, llegando supuestamente a conseguir comunicarse con un ingeniero en electrónica ya fallecido, el doctor Muller, quien desde ese otro lado fue guiando a O'Nell para perfeccionar la máquina de comunicación con el más allá.

Este aparato sólo funcionó durante una corta temporada, como supuestamente le habían indicado a su inventor desde el otro lado. Hoy en día cualquiera que lo desee puede acceder a los planos de esta máquina para construir la suya propia gracias a la fundación Meta-Science, que registró todos los planos en un manual y lo puso a disposición del público. En internet es fácil de encontrar mediante cualquier buscador de datos.

Como hemos podido saber hasta el momento, el inicio de la investigación paranormal empieza a través del espiritismo para continuar por el campo de las psicofonías. Voces de origen desconocido que, como ya estamos viendo, algunos hombres de ciencia asociaban directamente a voces de muertos. Ahora continuemos esta trepidante historia de los inicios de la investigación, porque el papel que sigue jugando el tema de las voces sin rostro es de tremenda importancia, igual que el de la ciencia y los científicos que defendieron con orgullo sus teorías paranormales, como es el caso del inventor del teléfono. Alexander Graham Bell trabajó durante años en la construcción de un aparato capaz de comunicarse con los muertos. Los más atrevidos incluso comentan que el teléfono en realidad fue un invento inspirado en la búsqueda de ese contacto con el mundo de los difuntos. Hubo otros hombres de ciencia que empezaron a encontrar voces extrañas en sus aparatos, pero no les dieron demasiada importancia, como Wladimiro Betch, John Keel y John Otto, entre otros.

El año 1959 se considera la fecha del descubrimiento oficial de las psicofonías, y Friedrich Jürgenson como su descubridor pero, como hemos podido leer, en este caso la historia oficial dista bastante de la realidad, ya en el año 1901 se captaron las primeras voces. Incluso es muy probable que antes de esa fecha Edison ya hubiese obtenido algún registro paranormal.

Lo que ocurrió en el año 1959 es que el cineasta, pintor y documentalista sueco Friedrich Jürgenson se topó con estas voces en un campo cercano a Estocolmo mientras registraba el canto de los pájaros, concretamente del pinzón, para uno de sus documentales. En la primera grabación el cineasta captó voces, susurros y lamentos que parecían estar en un segundo plano de la grabación. Cuando las escuchó en su casa creyó que había gente por la zona mientras grababa. Enfadado por tener que repetir su trabajo, regresó al lugar y se aseguró de que no había nadie próximo en la zona donde se disponía a realizar su grabación. Al llegar a casa Jürgenson rebobinó la grabación y nuevamente se encontró con voces y susurros. Esto le ocurrió en repetidas ocasiones, hasta tal punto que pensó que el aparato estaba defectuoso y lo llevó donde lo había comprado para que lo revisaran. Cuál fue la sorpresa de Friedrich cuando le dijeron en la tienda que estaba en perfectas condiciones y no sufría ningún defecto ni anomalía. Extrañado, regresó al bosque a realizar nuevas grabaciones, esta vez registrando voces que cambiarían la vida de Jürgenson y el transcurso de la historia. En una de las grabaciones aparecía una voz que decía: «Friedel, mi pequeño Friedel», que Jürgenson identificó como la voz de su madre muerta. Desde entonces las voces y comunicaciones comenzaron a hacerse más frecuentes y claras cada vez, hasta que pasado un tiempo Jürgenson decidió dar a conocer el fenómeno a la comunidad científica. Aquello hasta la fecha era desconocido en ese círculo, aunque hubiese varias personas interesadas en el tema, como ya hemos visto. Nadie le hizo caso; no lo tomaron en serio dentro del círculo científico. Sin embargo, pasados unos años, hubo un científico que sí prestó atención a Jürgenson, quien es conocido hoy en día como el padre de las psicofonías: Konstantin Raudive. Después de leer las experiencias de Jürgenson, se interesó por el tema, como veremos más adelante. Pero antes de adentrarnos en esta parte es necesario conocer la historia no oficial que rodea a Friedrich Jürgenson, ya que detrás de ella se encuentra nada menos que el propio Vaticano.

Jürgenson realizó varios encargos para todo tipo de personas, grupos y organismos, algunos incluso para el Vaticano. Filmó varios documentales a petición expresa de la cúpula vaticana, incluso algunos directamente solicitados por el papa Pablo VI, quien le otorgó la Cruz del Comendador de la Orden de San Gregorio Magno. Esto hace sospechar que Jürgenson tenía algún tipo de extraño contacto con el Vaticano, ya que a pesar de no ser católico fue condecorado. Además, según las malas lenguas —o buenas, quién sabe—, Jürgenson tenía contacto, incluso amistad, con el sacerdote Leo Smith, que junto a otro cura se dedicaba al estudio de las ciencias ocultas dentro del Vaticano. Fueron ellos quienes, con el consentimiento de sus mandatarios, transmitieron a Jürgenson el conocimiento de las voces psicofónicas para que las diera a conocer al mundo. Esta parte de la historia no oficial es sin duda apasionante, pero hoy en día

Friedrich Jürgenson. Imagen del documental *Psicofonías* de la productora Visual-Beast.
Cortesía de José Moral.

carecemos de pruebas fidedignas que nos permitan valorar su autenticidad. Sea como fuere, se comprueba lo importante de este descubrimiento cuando aparece la figura del científico Konstantin Raudive (1909-1974), apodado como «el padre de las psicofonías».

Hasta la fecha, como hemos comentado, Jürgenson carecía de credibilidad para la ciencia y las voces paranormales no tenían interés dentro de este campo de estudio. Sin embargo no tardaría en aparecer Raudive, un reconocido intelectual nacido en Letonia que, durante la Segunda Guerra Mundial, cuando los soviéticos reconquistaron Letonia, tuvo que marcharse al exilio, donde se educó como hombre de ciencias y profundizó en el estudio de Carl Jung, creador de la psicología analítica, todo un referente para Raudive.

Además de ser un prestigioso científico, Konstantin estudió parapsicología y experimentó a lo largo de su vida buscando ese contacto con el más allá. Era un personaje polifacético, como Jürgenson. Quizá por eso el destino los unió por un camino que poca gente valoraba como serio y científico en aquellos tiempos. Juntos se encargaron de cambiar esa visión y hacer de él algo serio que tendrían en cuenta otros hombres reconocidos a nivel mundial.

Jürgenson, después de sufrir la negativa de la ciencia hacia sus voces, decidió escribir el libro *Voces desde el espacio,* para dar a conocer al mundo el fenómeno tan desconcertante que había descubierto. Publica esta obra en el año 1964 y Konstantin Raudive la lee a los pocos meses de salir a la venta. Queda tan impresionado por lo que Jürgenson relata en su libro que decide ponerse en contacto con él y le solicita una reunión. En el año 1965 ambos genios de las voces sin rostro se juntan para hablar del tema y preceder a lo que sería un paso de gigante en la historia de la investigación paranormal.

Jürgenson invitó a Raudive a su casa para que pasara allí unos días y pudiera experimentar con calma el fenómeno de las voces, ya que Raudive necesitaba ser testigo directo de dichas grabaciones antes de darle absoluta credibilidad a Friedrich. No obstante, Raudive tenía depositada mucha confianza en él tras leer su libro, a pesar de no haberlo conocido hasta entonces en persona.

Después de varios días sin obtener resultados positivos, Raudive decide dejar de experimentar y toma la decisión de marcharse de casa de Jürgenson, pero este le pide que por favor se quede un día más; no entiende cómo el fenómeno de las voces no se ha manifestado aún. Este suceso le causa una tremenda desilusión y a su invitado Raudive le comienza a invadir una aplastante decepción. A pesar de los resultados negativos de estos primeros experimentos, Raudive accede ante la petición de su anfitrión, pensando que estaba perdiendo el tiempo y que esas voces podían hallarse sólo en la cabeza de Jürgenson. Sin embargo, cuando todo parecía perdido, la sorpresa impactó a los experimentadores de forma rotunda. Unas horas después de que Raudive aceptase pasar un día más en ese caserón, en una de las grabaciones aparecen voces en diferentes idiomas: letón, alemán y francés. La que más impresionó a Raudive fue una brutal que decía: «Id a dormir, Margaret». Voz que pertenecía según el letón a la secretaria de su mujer, la fallecida Margaret Petrautzki.

Desde ese día Konstantin Raudive dedicó toda su vida a la investigación paranormal y especialmente a experimentar con las voces psicofónicas. Colaboró con numerosos científicos e ingenieros en electrónica, incluso con uno de los genios más populares de su época: Hans Bender. Al final de sus días Raudive había registrado más de ochenta mil psicofonías, dando a conocer al mundo de forma masiva uno de los fenómenos más desconcertantes a los que el ser humano se puede enfrentar en la actualidad. Por eso, desde entonces es conocido como «el padre de las psicofonías». En su larga trayectoria escribió varios libros y numerosos artículos de prensa. Raudive fue sin duda el propulsor de la nueva posibilidad, cada vez más probable, de que los muertos fueran capaces de comunicarse con el mundo de los vivos y de que podamos registrar sus voces con nuestra tecnología.

Hans Bender (1907-1991) fue quien tomó las riendas de estas investigaciones una vez que falleció Raudive, aunque, como hemos leído anteriormente, realizaron numerosas colaboraciones juntos. Bender fue profesor de parapsicología durante muchos años y uno de los primeros investigadores de lo paranormal. Su imagen nos recuerda sin duda a la típica figura que imaginamos de un parapsicólogo, con la pipa en la boca, aunque pocas veces salía con ella cuando se fotografiaba.

Bender, además de ser profesor de parapsicología, estudió Derecho y cursó estudios de Psicología, Filosofía y Medicina, entre otras materias. Era un apasionado de la sabiduría y compaginó sus estudios con la investigación y divulgación de la parapsicología, convirtiéndose en uno de los más reconocidos expertos en el arte de lo paranormal en su amada Alemania.

Una de las teorías de Bender era que probablemente detrás de los fenómenos paranormales no estuviesen los espíritus sino el propio ser humano, que nuestro cerebro esconda secretos aún por descubrir; teoría que adopta la parapsicología más ortodoxa y los investigadores más escépticos respecto a la posibilidad de que exista vida después de la muerte. Esta valoración que hacía el alemán sobre el posible origen de los fenómenos extraordinarios se convertiría así en la segunda teoría más valorada en la actualidad, después de la ya mencionada, que propone como origen de dichos fenómenos a la vida después de la muerte. Teoría que defendió a capa y espada otro profesor, en este caso, nuestro profesor, don Germán de Argumosa y Valdés (1921-2007), a quien todos recordarán siempre con esa decimonónica perilla pronunciada que aparece en los rostros de algunas de las personas más populares de nuestra historia. Don Germán quiso de alguna forma conservar esa imagen señorial del siglo XIX.

El profesor dedicó su vida a investigar, escribir, dar conferencias y, en definitiva, a divulgar los conocimientos que fue adquiriendo a lo largo de toda su vida, ya que nunca cesó en sus labores incansables de estudio e investigación. En España y en el mundo ha sido y será para siempre todo un ejemplo a seguir y un espejo donde mirarnos, sobre todo los que amamos el misterio y la parapsicología seria y rigurosa.

Fue en el año 1971 cuando en nuestro país se crea un revuelo tremendo y la investigación paranormal comienza a popularizarse entre todas las clases sociales. La «culpa» de este cambio de percepción sobre algo que hasta la fecha se veía con ojos de desconfianza la tuvo el propio profesor, que dio una conferencia en Madrid titulada «Extrañas voces de origen desconocido», de la cual varios medios de comunicación hicieron mención, como el diario *Ya* entre otros. El profesor denominó estas voces con otro término, ya que sus experimentos lo llevaron a deducir que el calificativo psicofonía —«psico» de *psique* y «fonía» de *fonema*— era incorrecto, ya que la palabra técnicamente quería decir que eran voces producidas por la psique, por la mente humana, algo que él había descartado con sus investigaciones. Así, denominó técnicamente el fenómeno de las voces como *parafonía* —«para», que significa 'al lado', y fonía de *fonema*—, es decir, paralelo al sonido.

Argumosa también trabajó con los anteriormente mencionados Raudive y Hans Bender. Fue el introductor de la parapsicología y la investigación en nuestro país.

25

En el año 1972 don Germán de Argumosa y Valdés se consolida como el gran parapsicólogo de España, al investigar un tema que vamos a conocer en el siguiente apartado: las «caras de Bélmez». Llegó a realizar numerosas investigaciones públicas, demostrando, pese a quien pese, que el fenómeno de Bélmez era verdad. Caras que se plasmaban de forma inexplicable en suelos y paredes de una vieja casa ubicada en la provincia de Jaén, Bélmez de la Moraleda, actualmente un lugar de culto para los amantes del misterio más profundo. Hay quien dice que detrás de todo se esconde un negocio con fines turísticos y económicos, aunque esa opinión parece un poco descabellada, sobre todo si valoramos que nadie en casi cuarenta años ha podido demostrar que detrás del fenómeno de Bélmez se esconda el fraude, por mucho que algunos lo hayan intentado, incluso llevando el caso a los tribunales, como veremos a continuación.

Después de la aparición de don Germán en el ámbito público de la investigación aparecen otros personajes que ayudarían a consolidar el gran cambio en España dentro del misterio, haciendo que la sociedad contemplase con otros ojos los fenómenos paranormales.

Uno de ellos fue José María Pilón (Madrid, 1924), sacerdote de la orden jesuita y fundador posiblemente del grupo de investigación más importante de nuestro país: el grupo Hepta, formado por celebridades dentro de la parapsicología.

José María Pilón estudió en las universidades de Granada y Madrid. Se licenció en Filosofía y Teología, pero su gran pasión sin duda era la parapsicología. Durante todos estos años ha sido profesor en diferentes centros y universidades, además de impartir numerosas conferencias, seminarios y coloquios. También ha colaborado en numerosos medios de comunicación y ha escrito libros y artículos. Uno de los más interesantes ha sido *Diez palabras clave en parapsicología*, que divulga la investigación paranormal en nuestro país. El padre Pilón además fue asesor de la Guardia Civil y la Policía Nacional, llegando a encontrar a personas desaparecidas y secuestradas con su método de radiestesia, búsqueda de vibraciones mediante péndulo, horquilla o varillas giratorias, utilizada generalmente para hallar agua subterránea, aunque también se utiliza para buscar objetos y personas. Esto demuestra una vez más la eficacia de algunos métodos de los cuales la sociedad actual se suele reír. ¿Qué me dirían si les dijera que la reina Sofía es una gran apasionada del misterio? Como ven, estos temas están abiertos a todo el mundo: desde científicos

## "Y mi péndulo localizó al secuestrado..."

LA VANGUARDIA

EMILIA GUTIÉRREZ

Me llamo José María Pilón Valero de Bernabé. Tengo 76 años, pero me conservo bien porque vivo como un cura. Soy sagitario con ascendente leo. Nací en la calle Serrano el 28 noviembre del año 1924 a las diez menos diez de la noche. Fundé y dirijo el equipo Penta de parapsicología. Asesoro como radiestesista a Policía y Guardia Civil.

JESUITA, DOCTOR EN TEOLOGÍA: RADIESTESISTA | PADRE PILÓN

José María Pilón. Fotografía de *La Vanguardia*.

hasta sacerdotes, desde las fuerzas de seguridad del Estado, hasta la casa real. No es, como muchos quieren hacernos creer, cosa de locos.

El Vaticano hace décadas ya investigaba este tema y la mayoría de expertos en el ámbito paranormal habla incluso de que hoy en día, en su sede en Roma, tiene un laboratorio para experimentar con el fenómeno de las psicofonías. Prueba de ello es el reportaje que podemos leer en la actualidad en la página web del prestigioso periódico *El País*, escrito por Rafael Castellano el 25 de junio de 1985, titulado «Más acá del más allá», donde además de comentar la existencia de un laboratorio de experimentación psicofónica en el Vaticano, el autor habla de la existencia en todo el mundo de setenta y cinco facultades que investigan el tema paranormal, ubicadas en Estados Unidos, la URSS, Reino Unido, Canadá, Alemania, Francia, Italia y Argentina. Podemos decir sin miedo a equivocarnos que este número ha crecido veinticinco años después, sobre todo gracias a los países de Sudamérica que se han ido sumando desde sus facultades a la investigación oficial de los fenómenos extraordinarios, lo que implica un impresionante avance mundial en pro de estos temas. También lo fue la figura de nuestro siguiente personaje, al que seguramente todos ustedes conozcan: el doctor Jiménez del Oso (1941-2005), prestigioso psiquiatra y periodista dedicado a la investigación y divulgación de temáticas paranormales, alguien que cautivó a una sociedad prendada del misterio gracias a su penetrante voz y su penetrante mirada.

A los veintiséis años colabora por primera vez en televisión, concretamente con Narciso Ibáñez Serrador. Participa en los guiones de

LA VANGUARDIA

## "Conviví con un fantasma"

Tengo 58 años. Nací en Madrid. Soy médico psiquiatra desde hace 32 años. Estoy casado y tengo dos hijos, Francisco (25) y Pablo (18). Soy cáncer. ¿Tendencias políticas? Indefinibles. Hace 16 años que tengo el mismo BMW. Llevo siempre un anillo con cabeza de león. Dirijo la revista "Enigmas" y el programa "La otra realidad" (Canal 9)

PSIQUIATRA Y ESTUDIOSO DE FENÓMENOS PARANORMALES | DR. JIMÉNEZ DEL OSO

Fernando Jiménez del Oso. Fotografía de *La Vanguardia*.

varios capítulos de una de las series televisivas más populares de todos los tiempos: *Historias para no dormir*, emitida en TVE. Diez años después de ir realizando colaboraciones en los medios de comunicación, llega su gran oportunidad de saltar a la palestra. Le otorgan un espacio televisivo en la misma cadena para que presente *Más allá*, un programa que se mantuvo en antena seis años con máxima audiencia. En 1982 se decide cambiar el espacio y nace el programa que él mismo seguirá presentando y dirigiendo: *La puerta del misterio*, que se mantendría dos años más en emisión.

Durante los siguientes años Jiménez del Oso colaboraría en diferentes programas de radio y televisión, además de realizar varios documentales sobre temáticas relacionadas con el misterio y los enigmas. Culminaría su trayectoria televisiva con programas tan populares como *La otra realidad,* que todavía hoy se puede encontrar por internet. El doctor también escribió numerosos artículos y libros, creando incluso cinco colecciones. La más popular fue *En busca del misterio*. Fue fundador y director de las revistas *Más allá de la ciencia*, *Espacio y tiempo* y *Enigmas del hombre y el universo*. Sin duda, Fernando Jiménez del Oso es para muchos la máxima autoridad en la historia de España junto a Germán de Argumosa dentro del misterio y la parapsicología.

Ahora vamos a conocer al último de los grandes personajes «insignia», otro de los primeros introductores de la parapsicología y el misterio en nuestro país: el profesor Sebastià D'Arbó (Tortosa, Tarragona, 1947). Desde pequeño se interesó por el tema del misterio, el cine y la televisión. Después de cursar sus estudios preparó unas oposiciones para trabajar en televisión. En el año 1966 es admitido en TVE para rodar una serie de documentales en dieciséis milímetros. Además colaboró en esa etapa en varios programas de misterios que supusieron un aprendizaje de suma importancia para el futuro. En el año 1970 recibe la Antena de Oro de TVE por su serie rodada en África, *Fauna*, que fue como podrán imaginar un éxito rotundo nacionalmente. Aquí no termina la carrera de éxitos y galardones del profesor D'Arbó; no había hecho más que comenzar. En 1975 recibe el premio Ondas por su programa *La otra dimensión*, que se emitía en Cadena Ser. En el año 1977 Sebastià decide probar suerte en el mundo del cine como productor, llevando a la gran pantalla el primero de sus numerosos éxitos: *Valdemar: el homúnculo dormido, film* al cual le fue concedido el primer premio de cine fantástico de Sitges. Un año después sorprende nuevamente a los cinéfilos con la película *Ascensor*, mediometraje galardonado con el Oso de Oro en el Festival de Cine Internacional de Berlín. En 1981 D'Arbó se hace, además de productor, director y guionista, para llevar a la gran pantalla el *film* sobre misterio *Viaje al más allá*, protagonizado por el famoso y popular Narciso Ibáñez. Un año después vuelve con otra obra maestra del misterio: *El ser*. Dos años después, en 1984, nos ofrece el *film Acosada*, para culminar su trilogía «esotérica» en 1986 con la película *Más allá de la muerte,* complemento perfecto a las dos anteriores del mismo género, *Viaje al más allá* y *El ser*. En 1988 grabó su última película, *Cena de asesinos,* para dejar la gran pantalla y meterse de lleno en el ámbito televisivo y radiofónico, llegando a presentar y dirigir programas de tremendo éxito, además de fundar y dirigir varias revistas y colecciones de libros. Incluso publicó las dos únicas enciclopedias que existen sobre parapsicología y ciencias ocultas por la editorial Planeta y Salvat. Sin duda estamos ante la persona con el currículum más amplio de todos los investigadores del misterio en nuestro país.

Actualmente D'Arbó tiene una cadena de televisión propia, Telemagik, que emite las veinticuatro horas programas relacionados con el misterio, el esoterismo y las ciencias ocultas. Es la única televisión temática de Europa que toca estos campos. También organiza el Magic Internacional anualmente en Barcelona, la feria esotérica más grande del mundo a la que acuden miles de personas cada año. Trabaja también en RAC1 con el programa llamado *Misteris,* y presenta y dirige un programa

Sebastià D'Arbó junto a Uri Geller. Cortesía de D'Arbó.

televisivo en el canal TDT Styl9, llamado *Misteris amb Sebastià D'Arbó,* que se emite de lunes a viernes a las once de la noche y se repite los fines de semana.

Como acabamos de leer, tenemos en España referentes importantes dentro de la investigación mundial. De igual modo, también en los inicios de la investigación contamos con varios casos investigados en nuestra tierra, que son referentes dentro de la parapsicología para el resto del mundo, sobre todo uno que es para los expertos el caso más importante de todos los tiempos en Europa: las caras de Bélmez.

## LAS PRIMERAS INVESTIGACIONES EN ESPAÑA

A pesar de que desde los inicios de los tiempos se han producido fenómenos paranormales, los primeros casos oficiales no llegan hasta el momento que las hermanas Fox se topan con el señor Pezuñas en su casa de Hydesville el 31 de marzo de 1848. En España tardó algunos años aún en producirse el primer caso de casa encantada oficial y, por lo tanto, de investigación; tema que han investigado algunos expertos en estas materias, sobre todo en el ámbito documental años después del suceso, como es el caso del investigador, escritor y periodista Francisco Contreras Gil, quien ha aportado una documentación importantísima sobre ese asunto, el cual, como conoceremos a continuación fue investigado en el momento en que se producían los fenómenos, por las fuerzas de seguridad del estado. El caso bautizado por la prensa como «La casa de Tócame Roque» fue el primer expediente X oficial de nuestro país, y con él abrimos esta parte final del capítulo: los inicios de la investigación paranormal.

Fue en la primavera de 1915, en el conocido barrio del Carmen de Valencia, concretamente en la pequeña plaza del Esparto, 7, entresuelo primero, donde tuvo lugar el primer caso de casa encantada o *poltergeist* (en próximos capítulos veremos la diferencia que existe entre ambos fenómenos). Hay diversidad de opiniones: dependiendo del investigador que analiza el caso, estamos ante un tema de encantamiento o *poltergeist.* aunque eso ahora es lo menos importante: lo que realmente tenemos que valorar es que nos encontramos ante el primer expediente X oficial en España.

La familia Colomero comenzó a sufrir una serie de fenómenos extraños calificados en la actualidad por la parapsicología como «raps» —golpes secos, rítmicos y de toda índole, de origen desconocido—, que pasaron de manifestarse de forma sutil a crear un revuelo tremendo en la comunidad y edificios adyacentes, debido a su extrema violencia, puesto que desencadenaron otro tipo de fenómenos y manifestaciones absurdas. Objetos que se desplazaban solos ante la mirada atónita de los presentes, como si manos invisibles sometiesen a un extraño juego a los inquilinos, pasos que parecían perseguir a las personas que se encontraban en la vivienda y fenómenos de todo tipo que llegaron a sorprender y poner en alerta a todo el barrio, hasta tal punto que, en junio de ese mismo año, el gobernador civil ordenó que se investigara el caso mediante una orden judicial firmada por su señoría, don García Mustieles. Llegaron incluso a cortar el acceso en la plaza y las calles cercanas, debido al tremendo alboroto que se produjo entre la gente, teniendo que intervenir en más de una ocasión las fuerzas de seguridad con cargas policiales.

Después de las primeras investigaciones, los informes policiales reflejaban lo absurdo: golpes, ruidos y fenómenos extraños que no tenían ningún origen, por lo cual revisaron la casa centímetro a centímetro sin hallar fraude alguno. Incluso investigaron en el resto de pisos de la comunidad y los edificios más cercanos, pero aquellos informes seguían reflejando lo mismo: «No tenemos una explicación para esto fenómenos». Ante esa «ineficiencia» policial se quiso tapar el tema con declaraciones descabelladas que por supuesto nadie creyó, mucho menos los vecinos y centenares de testigos que estuvieron presentes en esa casa, entre ellos casi medio centenar de agentes de policía.

La noticia salió publicada en diferentes periódicos de la época, como *Pueblo* y *Las Provincias*, que bautizaron el caso con diferentes titulares. El más impactante sin duda el que hacía referencia al duende, «el duende del Esparto».

Desde 1915 se investiga oficialmente en España el tema paranormal. Este caso está precedido por muchos otros, como el ocurrido en Zaragoza con otro duende, conocido como «el de la hornilla», que también puso en vilo a inquilinos, fuerzas de seguridad, autoridades e investigadores que se volvieron prácticamente locos con este ser, que incluso llegó a amenazar a la policía, consiguiendo que varios agentes saliesen corriendo del inmueble.

# LA VANGUARDIA
### BARCELONA

NOTAS GRÁFICAS     Jueves 29 de Noviembre de 1934     CUATRO PÁGINAS

LA "CASA DEL DUENDE" EN ZARAGOZA

Multitud de personas junto al Edificio Duende de Zaragoza. *La Vanguardia*, 29 de noviembre de 1934.

33

Todo comenzó a primeros de noviembre de 1934 en la ciudad de Zaragoza, concretamente en la calle Gascón de Gotor, 2, aunque algunos investigadores e historiadores hablan de finales de septiembre. Esta controversia es lógica puesto que el comienzo de los fenómenos tuvo como testigo en sus inicios solamente a la criada de la familia, Pascuala Alcocer, quien un día como otro cualquiera comenzó a escuchar voces, suspiros y alaridos que procedían del interior de la cocina, concretamente de la hornilla. Lo que extrañó a la criada fue que allí no había nadie aparte de ella. El suceso se repetía con mayor insistencia cada vez, hasta que a mediados de noviembre, decide hablar con la familia para la cual trabajaba y les comenta lo que está sucediendo. Desde entonces todos los miembros de la familia Palazón comienzan a ser testigos de voces, gritos y lamentos que ponen en vilo a los residentes del inmueble, hasta tal punto que un día la señora de casa escucha una voz que dice: «María, ven». Ante tal suceso los Palazón deciden poner en aviso a la policía sobre los hechos que están acaeciendo en su vivienda, que ya habían sido presenciados prácticamente por todos los habitantes de la comunidad. Los fenómenos eran cada vez más intensos y escalofriantes.

Tras las investigaciones policiales, ocurrió lo mismo que en la casa de Tócame Roque: los agentes, a pesar de realizar exhaustivas investigaciones no encontraron un origen a esas voces, que incluso se manifestaron en numerosas ocasiones ante su presencia, algunas de ellas con insultos y amenazas directas a los agentes que estaban presentes. Fue entonces cuando el juez Pablo de Pablos ordena vigilancia permanente en la vivienda y una investigación forense. Levantaron el suelo del piso, revisaron tuberías y comprobaron cada rincón de la vivienda sin hallar nada más que incomprensión e impotencia ante esas voces que seguían manifestándose de forma rotunda y desconcertante.

Una de las conversaciones que mantuvo la policía con el duende fue la siguiente:

POLICÍA:—¿Quién eres? ¿Por qué haces esto? ¿Por dinero?
DUENDE:—No.
POLICÍA:—¿Quieres trabajo?
DUENDE:—No.
POLICÍA:—¿Qué quieres, hombre?
DUENDE:—Nada, no soy hombre.

Sin poder encontrar un origen a las amenazantes voces, se optó por tapar el tema culpando a la criada de dieciséis años como autora de esas voces, ya que se estaba creando un auténtico revuelo en la sociedad española. La prensa de la época llenaba sus portadas con noticias relacionadas con el duende de Zaragoza y la gente se aglomeraba en la puerta del edificio. Lo cierto es que la joven criada dejó el inmueble, pero los fenómenos continuaron manifestándose sin que nadie pudiese hacer nada al respecto. La situación de incomprensión llevó a los Palazón a dejar la vivienda, siendo esta ocupada pocos días después por la familia Grijalba, quienes fueron testigos también del temerario duende de la hornilla. Las voces se empeñaron en conversar sobre todo con el hijo de la familia, Arturo Grijalba Torre, de tan sólo cuatro años de edad. Las comunicaciones terminaron a finales de diciembre, cuando el duende desapareció para siempre, dejando un mensaje escalofriante: «Voy a matar a todos los habitantes de esta maldita casa, cobardes, cobardes», quizá un mensaje premonitorio, puesto que el presentador de Cuatro y Cadena Ser, Iker Jiménez, descubrió algo sorprendente. La policía invito a una médium de reconocido prestigio llamada Asunción Jiménez Álvarez para que intentara contactar con esa entidad sobrenatural que habitaba el inmueble. De forma inexplicable, Asunción, después de hablar con voz de hombre un instante, cae desplomada al suelo y nadie consigue reanimarla. Cuando llega el médico confirma que Asunción Jiménez Álvarez ha fallecido de forma extraña.

El edificio se demolió y, actualmente, han construido otro en el mismo lugar que, en extraño homenaje al duende, lleva su nombre: «Edificio Duende».

Otro inmueble que conmovió a nuestro país y a todo el planeta fue sin duda el caso que actualmente es considerado para la mayoría de investigadores y parapsicólogos como el más importante del siglo xx. Hablamos de las caras de Bélmez, suceso que comenzó en 1971 en Bélmez de la Moraleda, en pleno corazón de la provincia de Jaén, concretamente en la calle Real, 5. Actualmente la calle ha adoptado el nombre de la principal testigo en esta historia, que falleció en el año 2004, María Gómez Cámara.

Un día de noviembre como otro cualquiera, la propietaria de la vivienda alertó a su familia y vecinos de que en su cocina había aparecido

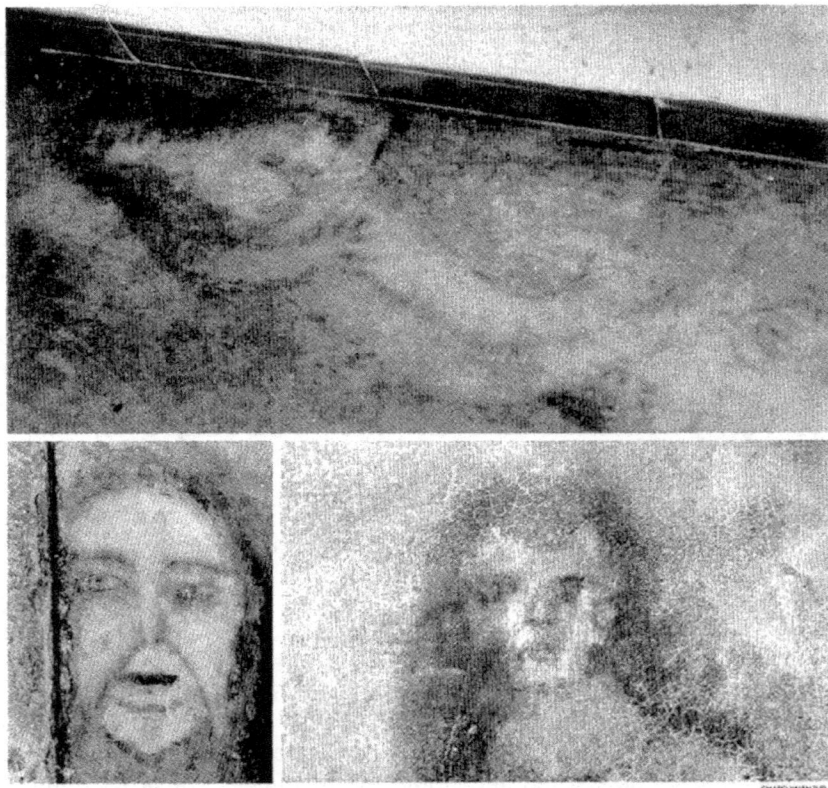

La imagen de una mujer desnuda (arriba) y dos de los rostros de apariencia humana aparecidos en Bélmez de la Moraleda

Varias teleplastias de Bélmez. *La Vanguardia,* 26 de agosto de 1990.

una mancha en el suelo con forma de rostro humano. Lo que en un primer instante parecía una anécdota de mal gusto pasó a convertirse en mucho más que eso. A los pocos días de la extraña teleplastia, el hijo de María picó el suelo para que el albañil Sebastián Fuentes León tapara con yeso esa inquietante cara. Sin embargo la sorpresa volvió a presentarse en casa de María: la extraña cara vuelve a aparecer en la cocina de la calle Real, 5. Un rostro masculino, con bigote, que parecía querer decir algo.

A los pocos días de esta segunda aparición comenzaron a emerger de ese suelo numerosas caras, las cuales aparecían, desaparecían o se iban transformando en diferentes gestos. Esas extrañas manifestaciones absurdas parecían tener vida propia. En pocos días la prensa se hizo eco de la noticia y España entera vivía sobrecogida por lo que estaba sucediendo en esa pequeña población de Jaén.

A las semanas de conocerse la noticia comenzaron a salir defensores de la teoría paranormal y detractores, hasta tal punto que tuvo que intervenir el CSIC realizando un análisis de las caras. Los resultados fueron negativos y quedó descartado para muchos el fraude, aunque para otros ese análisis no había sido del todo fiable. Dicen las malas lenguas que las pruebas ni siquiera las recogió el CSIC, alguien se las llevó y ellos sólo analizaron lo que había en el interior de ese pequeñito sobre.

Rápidamente, los parapsicólogos con más prestigio de la época empezaron a aparecer por Bélmez, entre ellos don Germán de Argumosa y Hans Bender, quienes comenzaron sus investigaciones llegando a conclusiones sorprendentes: «El lugar está encantado, hemos descartado el fraude, estamos ante un gran misterio» . Posteriormente otros investigadores acudieron al lugar para sacar sus propias conclusiones: Iker Jiménez, Lorenzo Fernández y Pedro Amorós, entre otros. Para la mayoría, Bélmez es uno de los grandes misterios del mundo y posiblemente el más enigmático que ha contemplado nuestro país.

Se comenta incluso que durante semanas la casa estuvo precintada por orden judicial y custodiada pero, aun así, las caras volvían a aparecer y transformarse, dejando atónitos a todos los testigos.

Algunas de las caras más conocidas han sido bautizadas, como por ejemplo la famosa «Pava», que fue el primer rostro que apareció en la vieja cocina.

Durante más de tres décadas el fenómeno de las caras estuvo en auge. Investigadores, aficionados y curiosos del misterio de todo el país acudían a Bélmez por centenares para investigar ellos mismos el fenómeno o ser testigos de cómo esos rostros inquietantes los miraban directamente a ellos.

El grupo más importante que ha investigado el caso ha sido sin duda la SEIP (Sociedad Española de Investigaciones Parapsicológicas). Su presidente, Pedro Amorós, es un fiel defensor de la teoría paranormal en este caso. La verdad es que pocas personas conocen como él lo que se cuece

**Las caras de Belmez, cuyas formaciones siguen apareciendo, es un fenómeno de teleplastia que investiga el profesor De Argumosa.**

Fotografía de la «Pava», primera cara que emanó del suelo en Bélmez. Fotografía de *ABC*, Sevilla, 18 de mayo de 1973.

realmente en Bélmez. Recuerdo que una tarde hablé con un buen amigo de Amorós, miembro del SEIP, y me dijo: «Miguel Ángel, Bélmez es alucinante, las psicofonías que se captan aquí son impresionantes, sobre todo cuando María está delante», comentó Ángel Briongos, un buen amigo y un gran investigador.

Lo cierto es que con el paso de los años se fueron asociando las teleplastias y los fenómenos paranormales que se registraban en Bélmez a la presencia de María Gómez Cámara. Para los investigadores era como si María fuese el motivo por el cual las caras se aparecían en la vivienda, por eso, la gran duda era saber qué ocurriría el día que la propietaria del inmueble nos dejase para pasar a mejor vida.

La mañana del 3 de febrero de 2004 María falleció en el hospital de Jaén. La pérdida de la mujer de las caras afectó a mucha gente. Sin duda, en estos treinta y tres años de fenómenos, María nos había dejado muchos recuerdos.

El 18 de octubre de 2004 se publica una noticia en la prensa: «Veintiún nuevas caras aparecen en la casa donde nació María». La noticia corre como la pólvora: programas de radio, televisión, revistas, periódicos y todo tipo de medios de información se hacen eco. Rápidamente el SEIP se pone manos a la obra con la investigación de este suceso que desconcertó a la mayoría de expertos, ya que pensaban que el fenómeno se desvanecería con la muerte de María. Sin embargo, habían aparecido veintiún caras más y en otra casa que no era la de siempre, en el mismo pueblo, pero en otra vivienda, deshabitada desde hacía años: la casa donde María Gómez Cámara había nacido. Curiosamente aparecieron cuando ésta falleció.

A raíz de este nuevo hallazgo, sale publicado meses después en *El Mundo* de Valencia un artículo del periodista Javier Cavanilles: «Las nuevas caras de Bélmez fueron falsificadas por unos cazafantasmas en complot con el Ayuntamiento». Según este periodista las caras de Bélmez estaban hechas con un procedimiento de agua y aceite. La SEIP tardó poco tiempo en emprender acciones legales y llevó a juicio al señor Cavanilles; además mantuvieron varios enfrentamientos públicos en diferentes programas. El caso Bélmez estaba más que nunca en tela de juicio: los defensores de lo paranormal lo defendían mucho más, los que clamaban por un claro fraude chillaban más que nunca y los hipócritas y malos compañeros se alejaban de Pedro Amorós y de la SEIP. Incluso antes de que saliese la sentencia, algunos decían en sus círculos privados: «Más vale alejarse de Amorós, hay que tener cuidado». Sin embargo, pese a quien pese, jamás se ha podido demostrar que Bélmez sea un fraude. En el juicio, su señoría consideró que Javier Cavanilles como periodista tenía derecho a expresarse libremente, pero lo que no se pudo demostrar fue la autenticidad o el fraude de las caras.

A día de hoy, nadie ha podido aún demostrar que las caras de Bélmez sean un fraude.

Otro de los primeros casos que nos encontramos en España lo tenemos en plena capital madrileña, concretamente en plena plaza de Atocha, se trata del Museo Reina Sofía, antiguamente un hospital construido a finales del siglo XVIII, donde murieron muchas personas por diferentes causas, desde enfermedades y epidemias hasta otras menos frecuentes y comunes, como por ejemplo el suicidio.

Fue en el año 1965 cuando el hospital dejó de funcionar, para pasar dos décadas en pleno abandono. Las leyendas y los rumores comenzaban a correr como un río desbocado por todo Madrid y el resto de comunidades autónomas de España: los fenómenos paranormales, los fantasmas y las situaciones terroríficas habían cobrado vida en el viejo hospital.

En el año 1982, los organismos competentes deciden ceder el edificio para la construcción del Museo Reina Sofía y comienzan las obras de remodelación. Los empleados hablan de sombras, voces, ruidos inexplicables, a la vez que encuentran restos de esqueletos y enterramientos de huesos. Al parecer antiguamente, antes de que el lugar albergase el viejo hospital, el edificio sirvió entre otras cosas como almacén de restos humanos para los centros de investigación y estudio médico.

Una vez que el edificio funciona como museo, los empleados y vigilantes repiten lo mismo que habían explicado los obreros que trabajaron en la remodelación. En el año 1990, para mayor desconcierto aún, en unas reformas que se estaban llevando a cabo encontraron tres monjas momificadas y enterradas en la antigua capilla del hospital, hallazgo que creó un tremendo terror para aquellos que desde hacía tiempo se estaban enfrentando a fenómenos inexplicables en el museo.

A pesar de todo, algunos investigadores sitúan como fecha del comienzo de los fenómenos el año 1992, después de esta segunda reforma, pero la realidad es que los sucesos extraños acompañan a este edificio desde varios siglos atrás. Incluso antes de ser hospital, el Reina Sofía fue una especie de hospicio para indigentes donde la tragedia empezaba a impregnar los muros del edificio, sobre todo con escalofriantes rumores que comentaban algunas de las personas que frecuentaban el albergue: se decía que los que iban muriendo eran enterrados en el propio hospicio. Además, como hemos comentado anteriormente, el edificio era utilizado como almacén de restos humanos.

Lo que ocurre realmente en el año 1992 es que los fenómenos cobran más fuerza y los testigos que los presencian hablan de los sucesos de forma más abierta, lo que provoca que los investigadores y la prensa comiencen a interesarse por el tema, poniendo nuevamente en alerta a todo el país.

A pesar de todo, aquellos trabajadores del museo que no habían presenciado nada extraño se tomaban a broma estos fenómenos, incluso comentaban de forma jocosa que aquellas manifestaciones las producía un fantasma llamado Ataúlfo, hasta tal punto que un día decidieron invocar al espíritu mediante ouija, a pesar de que los compañeros que habían sido testigos de los fenómenos les aconsejaron que no lo hicieran. Esa noche la ouija predijo la muerte de un familiar de uno de los vigilantes de seguridad. Ese día las bromas cesaron y los empleados que hasta la fecha nunca habían sido testigos de fenómenos paranormales en el lugar comenzaron a tomarse en serio los testimonios y experiencias de sus compañeros.

Entre los años 1993 y 1995 varios grupos de investigación realizaron sus estudios en el Reina Sofía, incluso una médium aseguró que los fenómenos eran causados por un antiguo sacerdote que murió en el lugar, torturado en la Guerra Civil.

Posteriormente, varios empleados tuvieron que pedir la baja médica porque aseguraban ver siluetas de monjas desfilar por el museo y sentirse amenazados por los «espíritus».

El caso del Reina Sofía fue el primero de los muchos que aparecerían años después con el mismo patrón de comportamiento. Antiguo hospital, mucho sufrimiento y muerte en el pasado y, décadas después de su cierre, manifestación de fenómenos paranormales: algo que suele ser demasiado frecuente, como veremos más adelante, ya que esta relación es la base fundamental que cimenta la aparición de la mayoría de fenómenos paranormales, por lo cual deberemos estudiarla y comprenderla en profundidad en próximos capítulos.

Voces en el Palacio de Linares. *La Vanguardia,* 8 de junio de 1990.

Nuestro siguiente enclave es el Palacio de Linares, situado en la misma ciudad madrileña, concretamente entre el paseo de Recoletos y la calle Alcalá. Lugar donde actualmente está la Casa de América.

En el año 1900, después de trece largos años de construcción, por fin se terminaron las obras y el Palacio de Linares estaba en pie. Constaba de cuatro pisos y un sótano. Cada una de sus estancias pasaría a ser, casi un siglo después, escenario de sucesos insólitos y también de fraudes que fueron desmontados, como veremos a continuación. Comenzaba a forjarse otro campo dentro de la parapsicología moderna: «la caza del fraude».

Fue en mayo de 1990 cuando saltó a la prensa la noticia de fenómenos paranormales y fantasmas en el Palacio de Linares. Todo comenzó con las quejas de los vigilantes y empleados que regentaban el edificio. Hablaban de fantasmas, apariciones, sensaciones extrañas, ruidos y voces inexplicables, incluso de la negativa de los perros de vigilancia a entrar a determinadas zonas. Fue tal el efecto demoledor que tuvo en la sociedad, quizá por la repercusión mediática, que centenares de personas se aglomeraban frente al palacio en busca del fantasma. El ayuntamiento accedió a que varios grupos de investigación examinasen el edificio y realizasen sus investigaciones. El Palacio de Linares se convertía así en el quinto caso español en el que las autoridades tomaban cartas en el asunto, después de la casa de Tócame Roque, el duende de Zaragoza, las caras de Bélmez y el Museo Reina Sofía.

Uno de los grupos que investigó desde 1989, un año antes de que se conociese la historia de forma oficial, fue el grupo Hepta, dirigido por el padre Pilón. Según el jesuita, fue testigo de fenómenos extraños y captación de psicofonías, igual que el profesor don Germán de Argumosa. Otros que acudieron en busca del misterio al Palacio de Linares fueron Miguel Blanco, Jiménez del Oso y Santiago Vázquez. Este último ha explicado en varias ocasiones en radio y televisión sus escalofriantes experiencias en el interior de ese edificio.También fue «investigado» por la doctora Carmen de Castro, quien presentó un informe en el ayuntamiento y escribió un libro sobre la historia y los fenómenos del palacio. La gran diferencia es que esta señora empañó la investigación seria que realizaron los investigadores y periodistas, montando un fraude psicofónico con el cual pretendía darle fuerza y popularidad a su libro. Estas psicofonías salieron en todos los medios de comunicación, creando un revuelo tremendo en España, aunque desde el principio los expertos pusieron en duda dichas

# Fantasmas de todos los tiempos

La creencia en seres de ultratumba es común a todas las culturas. La española no es una excepción Eva Millet

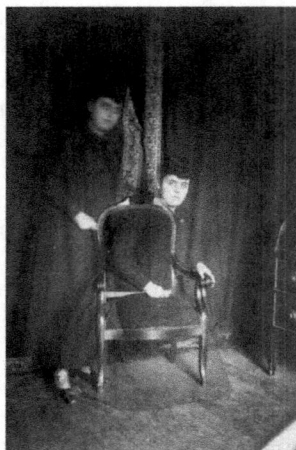

*La Vanguardia*, domingo 9 de julio de 2006.

voces, ya que no tenían ningún patrón en común con las voces psicofónicas. Al poco tiempo se desmanteló el fraude, se supo que la doctora había contratado una actriz de doblaje para inventar aquellas impactantes psicofonías: «Mi hija Raimunda… Nunca oí decir mamá», «Mamá, mamá... Yo no tengo mamá».

La verdad de toda esta historia es que el caso quedó como un fraude «gracias» a la señora Carmen de Castro. La sociedad cerró su visión del tema con exclamaciones como esta: «¡Nos han tomado el pelo, allí no pasa nada!». Sin embargo esto no fue así: en el Palacio de Linares sucedían fenómenos paranormales reales y auténticos. Testigos de ello fueron los diferentes investigadores que estuvieron meses indagando en el lugar, al igual que los empleados y vigilantes de seguridad que se toparon con lo extraño; por lo tanto, hay que tener mucho cuidado a la hora de valorar aquellos lugares donde alguien comete fraude. No porque alguien invente cosas quiere decir que todo lo que se cuenta de ese lugar es mentira; de ahí que la mejor opción siempre sea investigarlo nosotros mismos. Por ese motivo seguramente tiene usted en las manos este manual: para salir de dudas sobre algunos casos, lugares o fenómenos de los cuales se habla mucho hoy en día, tanto a favor como en contra.

Por esa época y en la misma ciudad, concretamente en el barrio de Vallecas, en marzo de 1990 la joven de dieciocho años de edad Estefanía Gutiérrez Lázaro decidió experimentar con la ouija, experiencia que desencadenó una serie de sucesos que a las pocas semanas serían bautizados como «el caso Vallecas», que es en la actualidad todo un referente de estudio para los investigadores.

El comienzo de esta historia arranca en el colegio de la joven, donde realiza una sesión de ouija junto a otras alumnas. La profesora, al entrar en clase y percatarse de lo que estaba ocurriendo, presa del pánico rompió la tabla de madera. Fue entonces cuando también se rompió el vaso, el cual tenía en su interior un extraño humo que se dirigió a la cara de la joven, según relataron posteriormente los testigos y la propia madre de Estefania, Concepción Lázaro, quien confirmó públicamente en diferentes medios de comunicación, entre ellos el famoso programa *Cuarto milenio*, que esos rumores sobre ese extraño humo que emanó del vaso hacia la cara de su hija eran ciertos. Incluso añadió que desde entonces Estefanía hacía cosas muy extrañas que pusieron en alerta a la familia, como por ejemplo sufrir convulsiones y alucinaciones, escuchar voces e incluso en ocasiones parecía estar poseída por una fuerza sobrenatural. Durante varios meses estuvo visitando a diferentes especialistas que no supieron dar un diagnóstico sobre la enfermedad que sufría Estefanía Gutiérrez Lázaro. Según los especialistas la joven estaba perfectamente de salud, sin embargo, Estefanía fue cada vez a peor y sus extraños síntomas fueron cada vez más constantes, hasta que un día de repente falleció en extrañas circunstancias. Era el 14 de agosto de 1991. Los fenómenos paranormales parecían «matar» a una joven en el barrio de Vallecas. El doctor Pedro Cabezas aseguró que la muerte fue extraña y desconcertante.

A partir de ese 14 de agosto de 1991 en el piso madrileño de Vallecas comenzó a producirse una serie de fenómenos paranormales impresionantes: puertas y ventanas que se abrían y cerraban solas, aparatos electrónicos que se apagaban y encendían a su antojo, objetos que se desplazaban solos ante la mirada atónita de los testigos allí presentes, sombras que se paseaban por el piso como si el lugar fuese suyo. Incluso el padre de la joven fallecida, Máximo Gutiérrez, aseguró a varios medios de comunicación que una noche pusieron un tresillo y varios muebles detrás de la puerta y esta, ante la mirada incrédula de su familia, se abrió varios centímetros, como si una fuerza descomunal empujase con rabia.

45

Otro de los sucesos espeluznantes que acaecieron en casa de los Gutiérrez Lázaro fue cuando, de forma asombrosa, una fotografía que había de
la joven empezó a arder inexplicablemente, dejando a los presentes sin palabras. La fotografía se quemó, pero el cuadro y el cristal permanecieron
intactos, algo nunca visto que impactó a la familia de forma tremenda. Los
fenómenos eran tan extremos y violentos que en una ocasión tuvieron
que presentarse varios miembros de la policía local de Madrid. Acudieron dos agentes, un inspector y un psicólogo, los cuales fueron testigos
de ruidos extraños. Uno de ellos estuvo a punto de ser agredido por algo
invisible, si no le hubiera avisado un compañero de que se agachara.
También fueron testigos de como un crucifijo se invirtió solo ante la presencia de agentes e inquilinos. Esa noche pasaría a la historia de nuestro país
como una de las más importantes dentro de la fenomenología paranormal. El acta policial reflejaba en su informe una auténtica realidad llena
de sucesos inexplicables y paranormales. Desde entonces, el caso Vallecas, también conocido como expediente Vallecas, pasó a los anales de la
historia dentro del misterio en España.

Hasta aquí hemos visto los primeros casos relevantes con los que se
inició la investigación paranormal de nuestro país; más adelante conoceremos los casos de actualidad, entre ellos el famoso Hospital del Tórax,
considerado el caso más inquietante del siglo XXI y el lugar más de moda
dentro del misterio en España actualmente.

# Capítulo 2

# La investigación paranormal en el siglo XXI

La evolución de la investigación en estas temáticas ha sido considerable, sobre todo porque actualmente no hace distinciones entre la sociedad. Cualquiera puede ser víctima del misterio o investigador del mismo. En el capítulo anterior hemos visto que los investigadores más reconocidos antiguamente eran ilustres personajes de ciencia en su mayoría. Hoy el sector del misterio es mucho más amplio. Personas de todo tipo, condición y clase social se dedican a la investigación y divulgación seria del misterio. Incluso, como veremos en este capítulo, son numerosos los programas de radio y televisión que hablan de estos temas. Igualmente han nacido entre finales del siglo XX y lo que llevamos de siglo XXI numerosos grupos, asociaciones e investigadores independientes que se dedican a lo paranormal.

Los lugares donde se investiga, llamados técnicamente «localizaciones», también han evolucionado. Antes sólo se investigaba en lugares habitados donde sucedían fenómenos extraños; en la actualidad los escenarios abandonados y con un truculento pasado se han puesto de moda entre los investigadores y superan con creces las investigaciones de enclaves habitados. Conoceremos a qué es debido este cambio y los peligros a los cuales nos enfrentamos al visitar este tipo de lugares. Vamos a adentrarnos en un capítulo realmente interesante que nos será de gran utilidad a la hora de tomar el primer contacto con el misterio para evaluar nuestras teorías y elegir nuestras localizaciones.

## Los medios de comunicación

Puede sonar a tópico si decimos que los medios de comunicación en España han desprestigiado el misterio y la parapsicología seria, pero en muchos casos es cierto. Programas muy populares han ridiculizado estos temas sacando auténticos «friquis» y charlatanes baratos, que han dejado al misterio por los suelos. Personajes como la bruja Lola, Aramís Fuster, Paco Porras y Carlos Jesús entre otros han alimentado ese «friquismo» dentro del misterio. Lo único que han hecho es un flaco favor a la dignidad de todos estos temas que tanto nos gustan. Sin embargo en la actualidad han nacido algunos programas serios, televisivos y radiofónicos, que conoceremos en este apartado. Hay, además, otros medios como revistas que están creando hoy en día una visión seria dentro de la sociedad con respecto a estas temáticas. Estos nos servirán a modo de aprendizaje antes de iniciarnos como investigadores, ya que de dichos programas y revistas sacaremos nuestros conocimientos básicos sobre teorías e hipótesis con respecto al posible origen de los fenómenos paranormales, cuestión de suma importancia para tener una idea seria sobre estas materias y alejarnos de la farándula y las leyendas que enturbian estas temáticas, a la vez que distan bastante de la realidad. Poniéndonos al día sobre la realidad de los fenómenos paranormales iremos desmitificando asuntos llenos de leyendas y mentiras, como la ouija, las psicofonías, los fantasmas o las casas encantadas, entre otros. Sin duda, escuchar, ver y leer medios de comunicación que tratan de forma seria el misterio es un paso fundamental para comenzar a forjarnos como investigadores rigurosos y productivos.

Si hablamos de misterio y televisión el primer nombre que nos viene a la cabeza es *Cuarto milenio*, para muchos el programa referente dentro de estas temáticas. Su presentador y director Iker Jiménez ha conseguido, después de varias temporadas, contar con colaboradores de mucho prestigio en sus filas: la mayoría hombres de ciencia que aportan una visión seria y rigurosa. Es posiblemente el programa más popular de misterio que haya emitido jamás una televisión en España, sólo comparable a los míticos programas presentados por el doctor Fernando Jiménez del Oso. *Cuarto milenio* y su hermano gemelo *Milenio 3* de Cadena Ser han creado un antes y un después en el fabuloso mundo del misterio, por ese motivo es oportuno hablar primero de ellos.

*Milenio 3* nació en el año 2000 como apuesta de la Cadena Ser. Para muchos era un simple programa de verano que duraría tan sólo unas semanas. Sin embargo, lleva once años en antena y desde el 2005 es el programa nocturno con más audiencia de la radio española, con una media superior a seiscientos mil oyentes, algo que nadie puede desmerecer; a las cifras nos remitimos.

*Cuarto milenio* nació varios años después que *Milenio 3*. Cuatro y el grupo Prisa quisieron llevar a la televisión el formato de *Milenio 3*, creando así el programa *Cuarto milenio*, en la temporada 2005-2006. Hoy en día es el programa más visto por los españoles que aman el misterio. Iker Jiménez ha conseguido contar con la colaboración de personas tan populares como el psiquiatra forense José Cabrera, el antropólogo José Luis Cardero, el criminólogo Vicente Garrido, el psicólogo José Ignacio Robles, el director de cine Alejandro Amenábar, el actor Eduardo Noriega y el periodista Jaime Peñafiel, entre otros. Cuenta en sus filas con reporteros como Santiago Camacho, Luis Álvarez, Pablo Villarrubia, Francisco Pérez Caballero y Gerardo Peláez. La mujer de Iker Jiménez, Carmen Porter, es también un pilar fundamental en el programa. Cada temporada pasan por él numerosos científicos, historiadores, criminólogos, militares, médicos, astrónomos, catedráticos y un sinfín de expertos en materias de todo tipo que le dan un aire de absoluta seriedad a *Cuarto milenio*. Por lo tanto, podemos decir sin riesgo a equivocarnos que Iker Jiménez y Carmen Porter han conseguido dignificar el misterio en España gracias a sus programas de radio y televisión.

Otro programa, totalmente diferente a *Cuarto milenio* y que ha creado un enorme rechazo por parte de los profesionales dedicados al misterio y a otras profesiones vinculadas de algún modo a él, ha sido *Más allá de la vida*, presentado por Jordi González y emitido por la tan polémica cadena Telecinco.

El programa se basa en una médium, Anne Germain, que mediante sus supuestas capacidades contacta con espíritus de personas fallecidas. Los invitados son siempre famosos que se prestan a ese «juego», en la mayoría de casos con toda su buena fe, sin saber que quizá detrás de todo sólo haya una realidad oculta: la psicología y el estudio analítico de sus vidas y la de sus seres queridos, algo no demasiado complicado de saber, ya que normalmente muchos asuntos privados han salido en medios de comunicación. Además, Anne Germain tampoco da datos muy concretos sino que utiliza la estrategia de la psicología, como bien apuntaban el doctor forense José Cabrera y la investigadora Sol Blanco Soler en la entrevista que realizaron sobre esta médium y este programa el 14 de octubre de 2010 en *Periodista digital*. Según el doctor Cabrera, «en Telecinco todo es mentira». Recalcaba además: «Lo digo yo, que llevo muchos años en televisión y sé de lo que hablo».

Por otro lado, los famosos que han acudido al plató de *Más allá de la vida* aseguran en su mayoría que tras el supuesto contacto de la médium han salido emocionados, sorprendidos y sobre todo relajados. Algunas de estas imágenes públicas han sido Carmen Martínez Bordiú, Jorge Cadaval, Ramona Maneiro, Antonio Gala, Amador Mohedano, Lucía Bosé y Alicia Hornos. ¿Estamos entonces ante un contacto real con espíritus? Según mi opinión, no. Llego a esa conclusión después de analizar el programa detenidamente, ya que la señora Anne Germain, a pesar de ser muy buena en su «trabajo» como psicóloga, no da datos concretos. ¿Quién no tiene un padre o una abuela fallecida a la edad de cincuenta años? Además, como apuntaba anteriormente, es muy fácil indagar en la vida de los famosos: la prensa rosa y los programas del corazón sacan datos íntimos a diario de estos personajes. De todas formas, es mi humilde opinión y puedo estar equivocado, aunque mi trayectoria profesional en el mundo del misterio me hace sentirme muy seguro de lo que digo. Por lo tanto, seguiré viendo el programa como lo que considero que es: un mero entretenimiento. Lo mismo les recomiendo a ustedes, ya que de poco o nada nos servirá para forjarnos como investigadores.

En la televisión regional también se han emitido interesantes programas, como el presentado por Anthony Blake, *Tierra de Nadie,* que pudieron disfrutar los espectadores de Canal Sur. Se puede acceder a los archivos mediante la web del investigador José Manuel Frías, quien colaboró como reportero e investigador (www.limitesdelarealidad.com).

En la actualidad, se emite en el canal del TDT Stil9 *Misteris amb Sebastià D'Arbó,* presentado por el *teacher,* apodo con el cual es conocido D'Arbó entre sus colegas de profesión. El programa se emite todos los días de once a doce de la noche para Cataluña y Andorra.

Localmente contamos con otra obra maestra televisiva dentro del mundo del misterio, el programa presentado por Luis Mariano Fernández *Mis enigmas favoritos,* en antena desde 1999. Se emite en más de quinientas cadenas locales de televisión en España y Sudamérica y es, junto a *Cuarto milenio,* el programa de mayor éxito dentro de estas temáticas en nuestro país. Además, *Mis enigmas favoritos* tiene también su hermano gemelo en radio, que conserva el mismo nombre y se emite desde hace unos años en radio Mijas, Málaga. En el año 2008, G-9, la asociación de televisiones locales de España, le entrega el galardón por ser el programa con mayor audiencia de una televisión local a nivel nacional.

En el ámbito radiofónico tenemos programas nacionales muy interesantes, como el ya mencionado *Milenio 3* de Cadena Ser, que se emite los domingos durante la madrugada, así como *Espacio en blanco,* de Radio Nacional de España, emitido durante el fin de semana en horario de madrugada, *Luces en la oscuridad*, de Punto Radio, en el mismo horario aproximadamente, y La rosa de los vientos de Onda Cero.

Regionalmente contamos con programas destacables como *Milenio,* del conjunto de radio televisión de Galicia, que se emite diariamente, y *Misteris,* presentado por Sebastià D'Arbó en RAC1, que se emite los domingos y lunes de madrugada. También tenemos en España programas de radio locales muy interesantes, aparte del presentado por Luis Mariano Fernández, como por ejemplo *Enigma 03* de radio Cubellas, presentado por el investigador Fran Recio, quien además de ser un reconocido investigador de lo paranormal, es uno de los mayores expertos en psicofonías de nuestro país. En radio Sant Boi tenemos otro programa interesante, presentado por los hermanos Roldán, *Años luz,* que se emite de forma semanal. Por internet contamos también con numerosos programas *vía podcast,* como *La rueda del misterio,* el cual está pegando fuerte con miles de descargas en cada programa, y *Más allá de la realidad,* presentado por los hermanos Vázquez, quienes anteriormente estaban en RNE con su programa *Sexta dimensión.* Tenemos por lo tanto una amplia parrilla de programas televisivos y radiofónicos que nos pueden aportar muchos conocimientos básicos antes de comenzar a investigar por nuestra cuenta y riesgo. Yo personalmente dediqué dos años a leer, estudiar, ver y escuchar programas sobre estas materias, lo cual me forjó de forma general en estos temas, algo imprescindible antes de adentrarnos en la investigación paranormal.

51

Las revistas también son un buen estímulo para aumentar nuestros conocimientos paranormales sobre todo respecto a teorías e hipótesis, a las cuales llegaremos después de leer y analizar los reportajes que podemos encontrar en ellas.

La revista *Más allá,* dirigida por Carmen Sánchez, es posiblemente la más popular de todas, aunque tenemos otras igual de importantes como *Año cero* y *Enigmas.* El doctor Fernando Jiménez del Oso dirigió esta última hasta su fallecimiento; actualmente es Lorenzo Fernández Bueno el responsable de dicha edición, quien además de un reconocido periodista es un investigador de lo insólito.

Otros programas de televisión destacados: *La senda oculta* (Las Provincias TV), *Caso abierto* (Libertad Digital), *Misterium* (Canal 7), *Expediente Murcia* (Televisión murciana) y *Canarias mágica* (El Dial TV)

Otros programas de radio destacados: *Investigando el misterio* (Onde Peñas), *La hora bruja* (Radio Valleseca), *El cercle enigmátic* (Radio Vendrell), *Límites de la realidad* (Radio Voz Málaga), *El último peldaño* (Onda regional de Murcia), *La otra mirada* (Onda digital Andalucía), *Set llunes* (Radio silensi), *Adimensional* (Radio Mislata), *Al final de la escalera* (Radio Ejido), *Voces del misterio* (Radio Betis), *El retorno del brujo* (Onda Jerez) y *Ángulo 13* (Radio Aguere).

Otras revistas destacadas: *Clave 7* (Digital), *Milenarios* (Digital), *Avalón* (Digital), *Misterio* (Digital), *Extrañologías* (Digital), *Foros del Misterio* (Digital) y *Adimensional* (Papel).

Productoras destacadas: Visual-Beast (Valencia), TevaFilms (Lérida) y La percha (Barcelona).

## Investigadores, grupos y asociaciones

En los últimos años en España ha aumentado masivamente el interés por el misterio, todo debido a programas de radio, televisión y diferentes medios de comunicación que hemos conocido en el capítulo anterior. Esto ha provocado rechazo en los detractores, sin embargo, dentro de una parte de la sociedad, posiblemente la más inquieta y curiosa, ha despertado las ganas de saber más, de buscar respuestas, incluso de llegar al fondo del origen de todos estos enigmas y misterios que nos rodean. Por eso cientos de personas en nuestro país han decidido, desde finales del

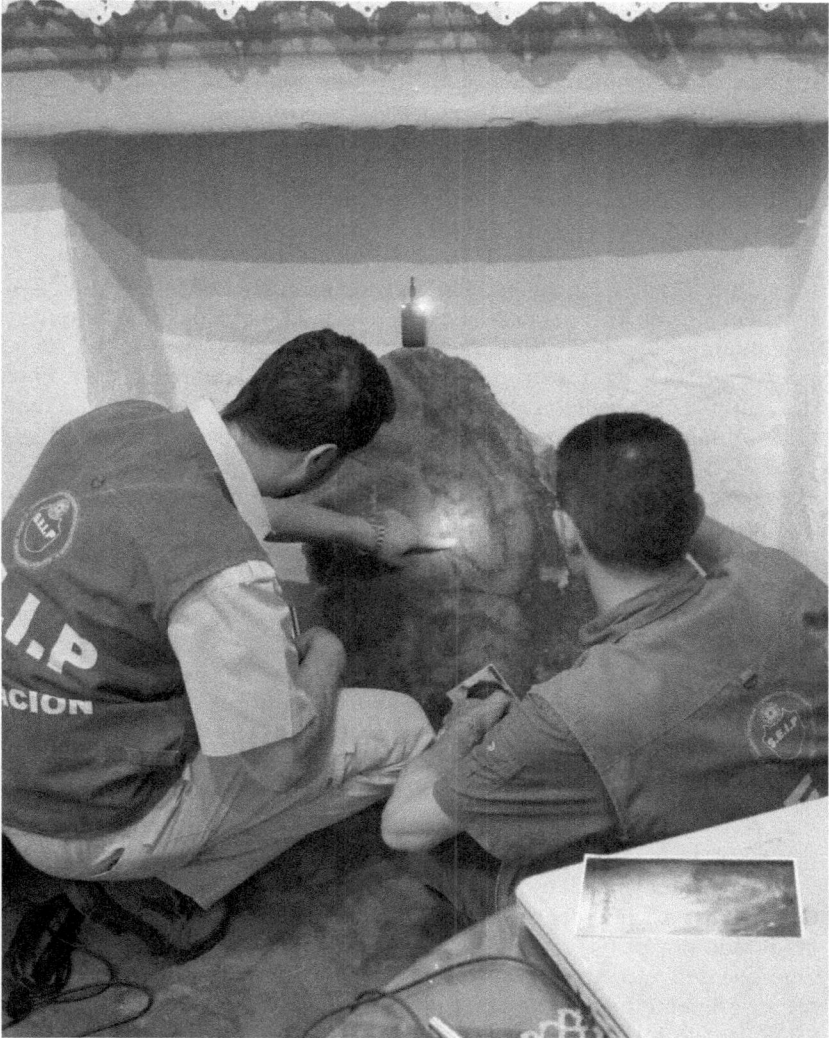

La SEIP en plena investigación en Bélmez de la Moraleda, en la casa de las caras.
Fotografía de Pedro Amorós, presidente de la SEIP.

siglo XX hasta día de hoy, dedicar sus vidas a la investigación paranormal, empezando a investigar de forma independiente, con sus propios medios y conocimientos. Algunos de ellos con el paso del tiempo han formado grupos que en algunos casos se han llegado a consolidar como asociaciones, siendo algunas de estas hoy en día reconocidas instituciones de la investigación y divulgación de temas paracientíficos, como es el caso de la mítica SEIP, presidida por Pedro Amorós.

Vamos a conocer primero a los investigadores independientes más destacados de nuestro panorama misterioso.

Quiero comenzar haciendo referencia a alguien que ha escrito más de cincuenta libros, una persona que a lo blanco lo llama blanco y a lo negro lo llama negro, alguien de quien se puede aprender mucho, sobre todo porque, además de poseer grandes conocimientos y una vida profesional muy amplia, es una de esas pocas personas que nunca se mostrarán hipócritas ni fabularán en torno al mundo del misterio y sus secretos: Miguel Aracil (Barcelona, 1955), quien empezó como periodista y escritor en temas que poco tienen que ver con el misterio —deportes de riesgo y naturaleza—, aunque en poco tiempo supo que su verdadera vocación eran estos enigmas que nos rodean a diario y desde hace muchos años intenta desvelarlos al mundo. Aracil ha recorrido numerosos países de Europa, África, Iberoamérica y Asia en busca del misterio, los enigmas y el mundo más insólito, trabajo que ha realizado, como bien comenta, a la vieja usanza, con un chaleco de bolsillos y cámara fotográfica al cuello. Ha colaborado en numerosos programas de radio y televisión, en las revistas *Más allá*, *Enigmas* y *Año cero* entre otras, ha sido coordinador de la desaparecida *Karma 7* y director de *Mundo oculto, ritos y tradiciones*. También ha sido asesor periodístico de diferentes medios y coordinador de publicaciones sobre arqueología. Sin duda un todoterreno dentro de lo oculto, del cual podemos aprender mucho si seguimos sus trabajos. Miguel Aracil es un hombre con mucho nombre —valga el juego de palabras— dentro del misterio. Respetado y querido por unos y odiado y envidiado por otros, Aracil siempre ha intentado dignificar el misterio, algo que debemos valorar y agradecer. Su labor y su trabajo merecen un reconocimiento personal en este libro.

Otro de los escritores, periodistas e investigadores destacados de nuestro panorama nacional y mundial es Javier Sierra (Teruel 1971), a quien todos recordarán por sus colaboraciones en *Crónicas marcianas*.

Sierra fue el director de la revista *Más allá* hasta que dejó su cargo para ser consejero editorial. Su carrera profesional comenzó muy temprano: con tan sólo doce años ya dirigía su propio programa en Radio Heraldo. A los dieciséis años era colaborador de diferentes medios de comunicación y con dos años más fue uno de los fundadores de la revista *Año cero,* la cual dejó nueve años después para dirigir la revista *Más allá.* Sierra ha escrito más de medio centenar de libros y ha prologado veinticinco de compañeros de profesión. Además ha colaborado en numerosos medios de comunicación y ha dirigido los programas televisivos *El otro lado de la realidad* en Telemadrid y *El arca secreta* en Antena 3. Posiblemente sea la figura más popular dentro del misterio en nuestro país después de Iker Jiménez.

Al mismo nivel que Sierra e Iker Jiménez, tenemos otros investigadores, aunque quizá sean menos conocidos, sobre todo para los menos adeptos al mundillo del misterio. Uno de ellos es Josep Guijarro (Terrassa, Barcelona, 1967), escritor, periodista y reportero en diferentes medios de comunicación, quien durante diez años (1998-2008) dirigió *Enigmas y misteris* en RNE4. Estuvo colaborando de forma habitual en el programa *Chanel n.º 4* de Cuatro televisión, en TV3 y otras cadenas locales, regionales y nacionales. Fue redactor jefe de la revista *Más allá* y director durante una década de la desaparecida *Karma 7.* En radio ha colaborado en diferentes medios a todos los niveles, actualmente lo hace de forma habitual en el programa *La rosa de los vientos* en Onda Cero, dirige la revista *Rutas del mundo* y trabaja como diseñador y redactor en otros medios escritos. Guijarro es un reconocido ufólogo español que ha escrito varios libros sobre esta y otras temáticas. Es sin duda uno de los grandes referentes de nuestro país dentro del mundo ovni, la historia oculta y el tema templario, entre otros. Josep Guijarro es un incansable viajero del misterio que no puede pasar en un mismo sitio más de unos días.

Otro incansable investigador también es Sinesio Darnell, químico industrial y técnico en microbiología, especializado en TCI (Transcomunicación Instrumental, psicofonías y psicoimagen), posiblemente el mayor experto en el campo de las voces sin rostro —como él denomina las psicofonías— de nuestro país, todo un referente sobre todo para aquellos que empiezan a investigar este campo tan apasionante y desconocido a la vez.

Darnell pertenece a diferentes asociaciones científicas y paracientíficas, entre ellas es miembro del Comité Europeo de Parapsicología, un prestigioso congreso que cuenta con la presencia sólo de los expertos más reconocidos en parapsicología del continente.

Para Sinesio Darnell el origen de las psicofonías se basa en lo que él y otros expertos han denominado «interfase», un estado o fase intermedia entre la vida terrenal y la muerte. Según esta teoría, cuando morimos pasamos por esa interfase durante equis tiempo para adaptarnos al otro plano dimensional que verdaderamente nos corresponde. Eminencias como el doctor Raymond Moody hablan en sus libros de esta interfase, incluso el propio Darnell asegura que la teoría más probable que existe para explicar el origen de las voces psicofónicas es que procedan de personas fallecidas que se encuentran en ese estado o fase intermedia entre la vida y la muerte. Sinesio Darnell ha fallecido recientemente.

Fran Recio (Vilanova i la Geltrú, Barcelona, 1968) es otro de los grandes expertos dentro del campo de las psicofonías, las casas encantadas, los *poltergeist* y la investigación paranormal en general. Ha colaborado en numerosos medios de comunicación, tanto en radio, televisión, como prensa escrita, actualmente presenta y dirige el programa *Enigma 03* en radio Cubellas, uno de los más escuchados localmente en España.

Sin duda, Fran Recio es lo que podemos denominar un investigador de campo, de los que salen con el equipo a cuestas y recorren los lugares más insólitos y misteriosos para plantar cara a los fenómenos más desconcertantes. Gracias a su página web (www.franrecio.com) todos los amantes del misterio y los amigos que quieran iniciarse en el mundo de la investigación tienen claros ejemplos de cómo trabajar de forma seria y rigurosa, ya que Fran expone en su web vídeos de sus investigaciones, artículos, archivos de audio y un sinfín de documentos que sirven para ilustrarnos dentro de estas materias. Recio es el profesor de campo que cualquiera quisiera tener a su lado en una investigación paranormal: nunca pierde los nervios, siempre mantiene la objetividad y, lo que es más importante, la templanza, evitando así que su equipo se vea alterado de forma negativa ante la captación de un suceso paranormal de gran magnitud.

Otro incansable «mochilero» es el andaluz José Manuel Frías (Málaga, 1977), quien lleva dedicado al periodismo de misterio más de quince años, en los cuales ha trabajado en medios de comunicación españoles y extranjeros. Destacan los programas de televisión *Límites de la*

Fran Recio durante una investigación en Corbera de Ebro. Fotografía de Fran Recio.

*realidad, Enigmas y misterios* y *Rutas del misterio,* además como colaborador habitual ha trabajado en Canal Sur, Cuatro, TV3, Telecinco y Canal Nou, entre otras. En radio podríamos destacar RNE, Cadena Ser y Punto Radio. José Manuel Frías es también escritor, articulista y conferenciante, y ha organizado varios congresos y jornadas del misterio. Su gran pasión es sin duda la investigación a la vieja usanza, como los más antiguos buscadores de misterios, cargados con el equipo a cuestas recorriendo miles de kilómetros.

José Manuel G. Bautista (Sevilla, 1972) es otro «ratón de campo» apasionado por la investigación paranormal. Antiguo reportero de *Milenio 3* y colaborador en numerosos espacios televisivos y radiofónicos, es escritor de varios libros y autor de decenas de reportajes literarios sobre temáticas de misterio. Ha investigado numerosos enclaves llenos de fenómenos paranormales. Sus conocimientos en electrónica industrial y su profesión de informático hacen de él un experto analítico en cuanto a la tecnología de investigación.

Bautista, a pesar de ser un apasionado del tema ovni, se especializó en las casas encantadas. Llegó a trabajar en diferentes medios de comunicación como reportero, acudiendo a estos enclaves de terror para transmitir la historia desde el propio lugar. En ocasiones realizó investigaciones in situ que retransmitía para los oyentes y espectadores: una nueva forma de divulgar el misterio que creó un antes y un después dentro del periodismo insólito. En los años 2004, 2005 y 2006 fue nombrado mejor investigador del año.

Para Juan Jesús Vallejo las diferentes culturas del mundo y los viajes son su vida. Este escritor, periodista y ex reportero de *Cuarto milenio,* no podría vivir sin ellos; la vida para él no tendría sentido. En los últimos diez años ha realizado diferentes reportajes para más de veinte países. Su biografía la podríamos resumir así: nació en Granada en 1970, como periodista colaboró en las revistas *Karma 7, Año cero, Enigmas* y *Más allá,* publicando más de un centenar de artículos. Ha sido contertulio en diferentes programas de radio de Canal Sur, Radio Nacional de España y Cadena Ser, entre otros. Trabajó en el servicio de investigación de noticias de Antena 3 y realizó dos series documentales para TVE sobre América Latina. En *Cuarto milenio* ha protagonizado más de cien reportajes como reportero del programa. También ha publicado cinco libros. Juan Jesús Vallejo es todo un experto en el arte de la investigación y la divulgación del misterio. Actualmente pretende volver al mundo literario y publicar nuevas obras que seguramente harán las delicias de todos los amantes de lo desconocido.

El último investigador que vamos a conocer es el sucesor y discípulo del ya mencionado profesor Germán de Argumosa. Se trata de Santiago Vázquez, quien lleva más de veinte años dedicado a la investigación y divulgación del misterio. Especializado en psicofonías, casas encantadas y fantasmas entre otros fenómenos de la parapsicología, ha presentado y dirigido *Sexta dimensión* en RNE además de otros programas y secciones en radio y televisión. Es miembro de la Federación de Profesionales de Radio y Televisión. Actualmente presenta el programa *Más allá de la realidad* en internet y dirige una web con el mismo nombre donde expone sus trabajos y teorías. Recuerda en algunos casos al magnífico profesor Argumosa en sus labores de divulgación seria y objetiva.

Para Santiago, el origen de los fenómenos paranormales puede llegarnos directamente desde el mundo de los muertos. Según ha expresado siempre en los medios de comunicación, esa podría ser la explicación más probable. Sin duda, cerramos este apartado de investigadores populares de España con otro grande, don Santiago Vázquez, hijo del prestigioso periodista Santiago Vázquez padre, que todos recordaran en los inicios de la televisión en España.

Hemos conocido a varios investigadores de lo paranormal, cada uno con un perfil diferente que nos hará entender mejor el misterio, lo insólito y lo que más nos interesa: lo paranormal. Cada uno de ellos con su trayectoria, su especialidad dentro del misterio y sus teorías, pero todos con algo en común: han llegado a sus conclusiones con respecto al origen de lo paranormal del mismo modo, experimentando e investigando por ellos mismos. Este método es el único que puede dictarte de forma certera el verdadero origen del mundo paranormal, ya que son tus experiencias las que te hacen juzgar los hechos en pro de la objetividad.

Algunos investigadores independientes con el paso de los años formaron grupos, los cuales hoy en día realizan una labor imprescindible dentro de la investigación de nuestro país. Uno de ellos es la Asociación para la Investigación y Difusión de las Ciencias Parapsicológicas (GAIPO), presidida por el investigador David Madrazo, quien presenta y dirige el programa radiofónico *Investigando el misterio* en Onda Peñas. El grupo nace en el año 2005 con el objetivo de la investigación seria del tema paranormal. Al año de su creación se convierte en uno de los grupos más activos del panorama nacional, divulgando sus investigaciones en diferentes medios de comunicación, entre los cuales podríamos destacar las apariciones de su presidente David Madrazo en *Cuarto milenio*. Hoy en día este grupo asturiano de investigación ha realizado más de cien trabajos de campo, captando todo tipo de fenómenos paranormales que posteriormente han llevado a estudio y análisis, concluyendo, según sus reportajes, que la existencia de dichos fenómenos es una auténtica realidad. Desde entonces y hasta la fecha, el trabajo realizado por este equipo de profesionales se basa en hallar un origen a los fenómenos paranormales.

En La Rioja tenemos otro grupo de gran carisma y popularidad, la Asociación Española de Investigación de Fenómenos Paranormales o grupo UFO, con integrantes como Joseba Orraca y Charo Lozano, avalados por una experiencia de más de veinte años dedicados al misterio y la investigación. Además de investigar y divulgar estos temas, grupo UFO ha organizado varios congresos en la ciudad de Calahorra, todos ellos gratuitos para el público asistente. De igual modo hacerse miembro del grupo no costará un solo céntimo a todo aquel que lo desee, ya que el objetivo de Joseba y su asociación nacional de misterio es expandir estos temas de forma seria y rigurosa dentro de nuestras fronteras y no lucrarse con ello. Por todo esto y mucho más, grupo UFO es otra de las grandes y prestigiosas agrupaciones de España que se dedican a la investigación de lo paranormal.

En Murcia contamos con otro grupo de investigación, el Grupo de Investigación Parapsicológico de Murcia (GIPMU), formado por Valentín, Miguel, Jesús, Elena y Merche, quienes en el año 2009 decidieron emprender esta aventura en busca del misterio. Todo comenzó en noviembre de ese año, cuando un grupo de amigos investigadores decidió dar un paso más en su laboriosa hazaña para desvelar los misterios más ocultos de nuestro mundo. Desde entonces y hasta ahora GIPMU ha realizado numerosas investigaciones y reportajes sobre fenómenos paranormales, leyendas e historia oculta. En la actualidad colabora con diferentes medios de comunicación, entre ellos con TV Murciana en *Expediente Murcia* y con Radio Marca en *Otros Mundos*. Su presidente Valentín Sarabia lleva desde los doce años de edad vinculado a estas temáticas.

Oberón Misteria es otro grupo que se dedica a realizar reportajes de audio, vídeo y fotografía de los lugares con más misterio y fenomenología extraña de nuestro país. Este grupo es de Blanes (Gerona) y organiza expediciones para cazar noticias paranormales cada dos semanas; es posiblemente uno de los grupos más activos de nuestros días. Cuentan con colaboradores en Zaragoza y Soria, y sus reportajes más inquietantes han sido realizados en enclaves tan populares como el Hospital del Tórax, Belchite, Ochate o el sanatorio de Agramonte, entre otros.

Lo más destacado de este grupo es sin duda su gran entrega y movilidad. Organizan dos investigaciones mensuales, algo que pocos grupos en España igualan o superan. Sin duda todo un mérito lo que está logrando Oberón misteria.

En la misma provincia, Gerona, tenemos otro grupo de investigación capitaneado por Josep Ros, la sociedad Fenómenos Paranormales de Gerona (FPG), compuesta por Dalya, Elisabeth Corpas y el mencionado Josep Ros, quienes realizan colaboraciones con investigadores independientes como Carlos Carrasco y Manuel Calderón entre otros. Este grupo se caracteriza por centrarse básicamente en investigar lugares con supuesta actividad paranormal y un pasado truculento, ya que existe un patrón común que enlaza la tragedia y el sufrimiento del pasado con la actividad paranormal en el presente. Una de sus investigaciones más destacadas es la llevada a cabo en el orfanato de Can Busquets en la población de Sils, Gerona, donde han captado gran actividad paranormal.

En Barcelona, concretamente en la población de Rubí, nace otro grupo, Cosas del Misterio (www.cosasdelmisterio.tk), compuesto por investigadores que se dedican de forma amena y en sus ratos libres a investigar lugares abandonados con posible actividad paranormal. Es tan sólo un ejemplo de muchos otros que de igual modo nacen de la amistad de varios amigos que aprovechan sus días festivos para intentar buscar una explicación a los fenómenos más desconcertantes, a la vez que disfrutan de experiencias que para muchos serían de auténtico terror.

Los que sí se dedican profesionalmente, aunque también de forma altruista, a la investigación de los fenómenos paranormales son los miembros del grupo más famoso y popular de nuestro país, del cual hemos mencionado algo en el primer capítulo mientras hablábamos de su fundador, el jesuita José María Pilón. Se trata del grupo Hepta, activos colaboradores del programa *Cuarto milenio*.

Fue en el año 1987 cuando el padre Pilón creó el grupo de investigación. Fue él quien seleccionó a todos sus miembros, los cuales poseían, además de su interés por estos temas, una profesión ajena a ellos que complementaba perfectamente su estatus dentro del grupo, lo que propiciaba la objetividad dentro de la parapsicología.

Sus miembros en la actualidad son José María Pilón (licenciado en Filosofía y Teología), Daniel Chumillas (máster en psicoterapia e hipnosis clínica), José Luis Ramos (licenciado en Física y Medicina), Piedad Cavero (empresaria experta en medios audiovisuales), Paloma Navarrete (licenciada en Farmacia y Psicología) y Sol Blanco Soler (licenciada en Ciencias de la Información).

El grupo Hepta organiza jornadas y conferencias sobre investigación, misterio y parapsicología de forma habitual. En su página web (www.grupohepta.com) se puede acceder a toda la información.

Algunos de estos grupos también están consolidados hoy en día como sociedades o asociaciones. La Sociedad Española de Amigos del Misterio y la Parapsicología (SEAMP) está presidida por el investigador madrileño Juan Miguel Marsella y la vicepresidenta y delegada de Barcelona es María José Pérez Jover. Cuenta con varias delegaciones más en Almería, Ciudad Real, Málaga, Toledo, Zaragoza, Mallorca y Tenerife. Su presidente ha creado un programa de radio vía *podcast* que se llama *Extrañologías,* nombre que también adopta una revista digital que ofrece de forma totalmente gratuita a todos los amantes del misterio. La SEAMP ha colaborado en revistas, radio y televisión en varias ocasiones. Es una de las más destacadas en la actualidad, igual que la Sociedad de Investigaciones Parapsicológicas y Exobiológicas (SIPE), sociedad aragonesa comandada por Carlos Oller. La SIPE ha organizado varios congresos nacionales de misterio y ha llevado sus trabajos de investigación a programas como *Cuarto milenio* y *Milenio 3.* La SIPE es sin duda otro referente dentro de los grupos y asociaciones españolas del misterio.

La Sociedad Española de Investigaciones Parapsicológicas (SEIP) es posiblemente la mejor estructurada de todas si tenemos en cuenta la gran cantidad de miembros que tiene asociada, ya que cuenta con delegaciones por toda España. Cada año organizan congresos, charlas, eventos y todo tipo de actividades para sus miembros y el público en general.

La SEIP nace en el año 1995-1996 con la misma intención que el resto de asociaciones del misterio: realizar un trabajo serio y en profundidad sobre los temas paracientíficos.

La SEIP consta además de decenas de delegaciones. Cuenta con varios departamentos dentro del grupo que estructuran de forma casi perfecta la organización (departamento de analítica, consejo técnico asesor, gabinete de comunicación, departamento de eventos, departamento de investigaciones, departamento de contabilidad, comité internacional, departamento de relaciones externas y departamento de administración). Además, ofrecen al público un programa de televisión sobre estas temáticas.

Formar parte de esta asociación te cuesta sólo treinta euros anuales y permite disfrutar de grandes ventajas, ya que sin duda es la asociación mejor organizada y más productiva de nuestro panorama misterioso.

Además de estos investigadores, grupos y asociaciones, tenemos en España muchos otros dignos de mención, pero se haría poco ameno mencionarlos a todos; por eso, he querido resaltar los que podríamos considerar como más destacados y populares.

Otros investigadores destacados: Alberto Cerezuela (Almería), Alberto Carmona (Barcelona), Ángel Carretero Olmedo (Cádiz), Antonio Porrero (Sevilla), David Benito (Madrid), David Tenorio (Tarragona), Elisabeth Corpas (Gerona), Eva Morales (Tarragona), Isaac Godoy (Barcelona) Manuel Calderón (Barcelona), Manuel Saavedra (Tarragona), Modesto Mendiola (Madrid), Rafael García Román (Sevilla), Sandra Márquez (Barcelona) y Xavier Godoy (Barcelona).

Otros grupos destacados: Grupo Alpha, grupo Gip, grupo Kappa, grupo Redes del misterio, Grupo Paranormal GDL y Asociación ACEP.

## Lugares comunes para investigar

Hasta la aparición de estos nuevos investigadores, grupos y asociaciones, sólo algunas personas se dedicaban a indagar en los misterios más profundos y los enclaves elegidos para llevar a cabo esos trabajos de campo eran aquellos donde la tranquilidad de algunas personas se veía afectada. Esto ha cambiado con el paso de los años, quizá debido al enorme interés que crea en la sociedad el tema de la investigación paranormal. Imaginémonos por un instante vivir en nuestras propias carnes un fenómeno de psicofonía, registrar una voz que desde no sabemos dónde responde a nuestra pregunta: ¿qué sentiríais?

Ahora nos trasladamos hasta un viejo hospital abandonado, donde presenciamos una silueta blanquecina que se cruza ante nuestra atónita mirada... Pasados unos segundos comenzamos a escuchar ruidos que se manifiestan a petición nuestra, repicando en las paredes... Velas que se apagan, objetos que se mueven, presencias que nos invitan a experimentar extrañas sensaciones...

El ser consciente de todo lo que puedes vivir si te dedicas a investigar este tipo de fenómenos y, sobre todo, saber que alguien desde otro lugar se puede comunicar contigo, ha hecho que en España y en el mundo entero la sociedad se haya puesto el chaleco de bolsillos y haya salido en busca de cazar el misterio. El mérito de todo esto lo tienen todos esos investigadores de los cuales venimos hablando desde el principio en este libro, igual que los medios de comunicación serios y rigurosos que alimentan esa fe misteriosa que hace que cada día seamos más investigadores los que plantamos cara a lo absurdo. Esto ha provocado que los métodos y técnicas de investigación se hayan ido ampliando, igual que el tipo de lugares para investigar. Gracias a la labor de todos hemos descubierto algo muy importante y es que los lugares donde se manifiestan fenómenos paranormales en la actualidad son enclaves que arrastran una fuerte carga emocional del pasado: lugares con una trágica historia, zonas donde han habitado personas durante muchos años, dejando allí impregnados sus sentimientos, sus emociones, sus penas, sus alegrías, etc., o enclaves donde actualmente se están produciendo grandes desfogues emotivos, como hospitales, geriátricos, centros públicos, empresas o viviendas particulares donde alguno de sus inquilinos está pasando por estados depresivos o alteraciones psicológicas debido a cualquier situación de estrés, trauma o dolencia.

En este subcapítulo vamos a conocer los lugares más comunes para investigar y, a modo de ejemplo, comentaremos brevemente una investigación realizada en cada uno de ellos para que nos sirva de ilustración.

Debemos comenzar por el lugar más popular de la historia de la investigación, una vivienda habitada por inquilinos como otra cualquiera, que un día, sin saber por qué se empiezan a encontrar con fenómenos que desbordan la racionalidad. Uno de estos casos me lo encontré en una ciudad de Barcelona, en Granollers, donde Amalia y sus dos hijos, Nerea de diecisiete años y Joel de cuatro, llevaban años sufriendo fenómenos desconcertantes.

Todo comenzó cuando Aroa, cuñada de la propietaria del inmueble, se puso en contacto conmigo para comentarme los terribles fenómenos que estaban aconteciendo en casa de Amalia. Sombras, ruidos, pasos, apariciones fantasmales, juguetes que cobraban vida solos y una serie de acontecimientos dignos de cualquier película de terror. Lo primero que hice fue hablar con la propietaria y realizar una primera entrevista telefónica. A los pocos días visité el domicilio de la familia acompañado de José Colmé y María José Pérez (vicepresidenta de la SEAMP). Tras hablar con los testigos durante más de dos horas y grabar la conversación en audio para poder valorar la información después y evitar así que se nos escapara algún dato, dimos comienzo a la investigación en el inmueble. La zona más caliente era el cuarto del niño, donde los fenómenos que se producían eran de efecto físico: juguetes que se ponían en funcionamiento solos, incluso habiéndoles quitado la batería, un piano que sonaba sin tener pilas y muñecos que parecían cobrar vida y hablaban a los inquilinos de la vivienda.

Los resultados en esa estancia fueron sorprendentes: se captaron psicofonías que interactuaban con nosotros: «están aquí», «cuidado que pasan», «míralos». Además se captaron voces en directo que personalmente pude escuchar, como la voz de lo que parecía un muñeco, que no conseguí interpretar y que se manifestó en varias ocasiones. Al revisar todos los juguetes pude descartar que tuviese una explicación racional. En otra de las habitaciones, concretamente en la de Nerea, pudimos registrar con una cámara de vídeo que habíamos dejado grabando en función de *night show* lo que se conoce técnicamente como «aporte», una materialización física de algún tipo de objeto o materia que parece proceder de otra dimensión, ya que surge de la nada. En esta ocasión, tal como apareció desapareció al instante, dejando registrada en la cámara además la imagen de una especie de bola lumínica que caía del techo e impactaba con el suelo. Incluso se escuchaba cómo el aporte rebotaba varias veces en el suelo para posteriormente no dejar rastro en la habitación: se esfumó tal como apareció como ya dije antes. En la habitación de Amalia realizamos más grabaciones psicofónicas, captura de instantáneas, mediciones ambientales y físicas, pero a pesar de ser el lugar donde la señora había presenciado la aparición de un ser vestido de negro con sombrero de copa, no registramos nada, ni tampoco en el pasillo

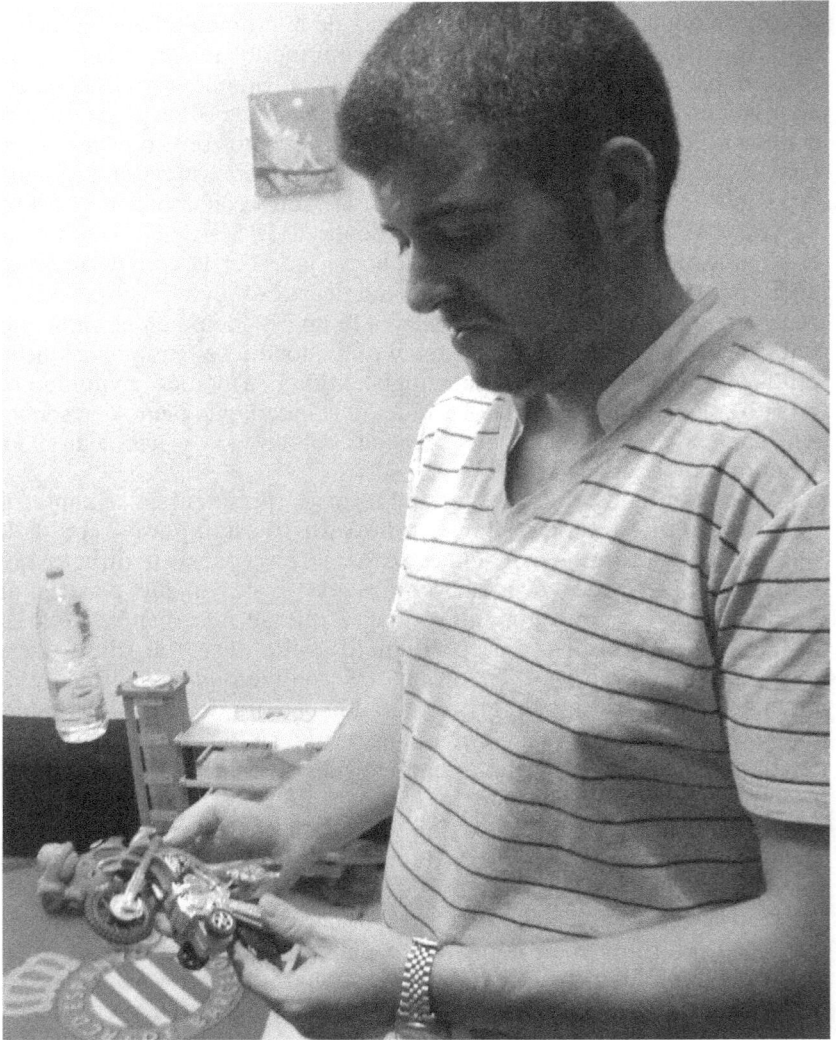

Jordi Sánchez. En su domicilio también ocurrían fenómenos paranormales y se encendían los juguetes del niño. Fotografía de Toni García Mullor.

donde Nerea había visto en una ocasión la figura escalofriante de un niño pálido vestido con ropajes de comunión; así lo definía la hija de Amalia. Habíamos registrado suficientes pruebas de que algo extraño estaba ocurriendo allí. Sin embargo no sabíamos a qué se debía todo aquello, por lo cual volvimos a entrevistarnos con los inquilinos y conversamos con algunos vecinos. La conclusión a la que llegamos posteriormente fue que en ese lugar se habían realizado hacía más de veinte años rituales oscuros y posiblemente magia negra. Los anteriores propietarios eran personas extrañas, tenían el piso pintado en tonos muy oscuros, paredes y techos negros, marrones y rojo opaco. Posiblemente en ese lugar la causa de los fenómenos fuese una impregnación emocional y energética de esos ritos y conjuros oscuros.

Es importante que, si no encontramos el origen de los fenómenos en las personas del entorno, demos un paso más y hablemos con vecinos o antiguos inquilinos, ya que, como decía el profesor Argumosa, no puede haber efecto sin causa. Si los fenómenos se producen es porque tienen un origen, algún suceso que ha provocado que estos se desencadenen.

Ahora vamos a conocer otro tipo de lugares habitados que se suelen investigar cada vez con mayor frecuencia: son los negocios, establecimientos y comercios donde en ocasiones también se destapa una oleada de fenómenos paranormales que pone en alerta a empleados, propietarios y clientes.

En este tipo de enclaves tenemos que ser muy cautos y cuidadosos, ya que nuestro trabajo será decisivo de cara a la tranquilidad de los trabajadores, propietarios e incluso clientes que regentan el lugar. Para hacernos una idea de hasta dónde pueden llegar los fenómenos en cualquier negocio, vamos a conocer posiblemente el escenario más significativo al cual nos podemos enfrentar hoy en día en nuestro país. Se trata del parador de Cardona, ubicado en la misma localidad de Cardona, a unos kilómetros de Manresa y Barcelona. Este castillo convertido en parador fue galardonado en 2010 como uno de los diez más prestigiosos castillos-paradores de Europa, por la revista *Paradores*. En él habitan el misterio y la leyenda desde hace varias décadas. Se comenta que la habitación 712 está encantada y entre sus muros ronda, según el testimonio de varios empleados, un fantasma al cual han apodado como «Celedonio», nombre de un santo mártir de Cardona.

Hasta Cardona acudimos en varias ocasiones para investigar el caso y entrevistarnos con los testigos, además realizamos un reportaje sobre los misterios del parador junto a la televisión autonómica de Cataluña TV3.

Uno de los rumores más populares es el que habla de la existencia de una carta del antiguo director del parador Carlos Herrero al nuevo director Jaume Sebastián, donde le comenta que este lugar está encantado y que posiblemente en él habite el fantasma de algún miembro de los conde-duques de Cardona, que habitaron el castillo en el siglo xv. Actualmente en la cripta que hay en la capilla se encuentran los féretros con los restos de toda la dinastía de los Cardona. Se cuenta además que fue testigo de cómo una voz les habló desde el interior de una habitación que estaba desocupada; cuando consiguieron abrir la puerta la encontraron vacía pero con síntomas de que alguien había estado dentro: el grifo del baño abierto, la estancia llena de vaho, el cristal empañado, la toalla mojada y una huella de pie en el suelo. El antiguo director no tenía ninguna duda: el parador estaba encantado.

Cuando hablamos con el señor Jaume Sebastián, actual responsable del complejo, nos aseguró que la carta existe y es real, aunque él se muestra un poco escéptico, quizá metido en su papel de director, ya que la mayoría de empleados piensa totalmente diferente, sobre todo las señoras de la limpieza, que debido a su trabajo siempre rondan los pasillos y habitaciones del parador. Entrevistamos a varios empleados: Quico Murcia (conserje), Aurelio Rodríguez (mantenimiento), Merche García (señora de la limpieza), Jaume Sebastián (director), y a alguien muy especial que lleva más de veinte años trabajando en el parador, la señora Isabel Campos, quien nos contó al detalle todos los fenómenos paranormales que han acontecido en el lugar. Desde bebés que han llorado al entrar a la habitación 712, no consintiendo dormir ahí y teniendo que cambiar a los clientes de estancia para que el niño dejara de llorar, hasta situaciones de lo más extraño: muebles cambiados de sitio, voces que los llaman por su nombre, clientes que aseguran haber visto a un hombre o una mujer en la habitación durante la noche, etc. Situaciones típicas de los lugares encantados, pero con una gran diferencia: aquí el lugar no está abandonado, ni siquiera es una vivienda particular. Es un negocio donde sus empleados tienen que pasar muchas horas al cabo de la semana, lo cual ha implicado que hayan tenido que «tirar» de psicología para sobrellevar estos fenómenos

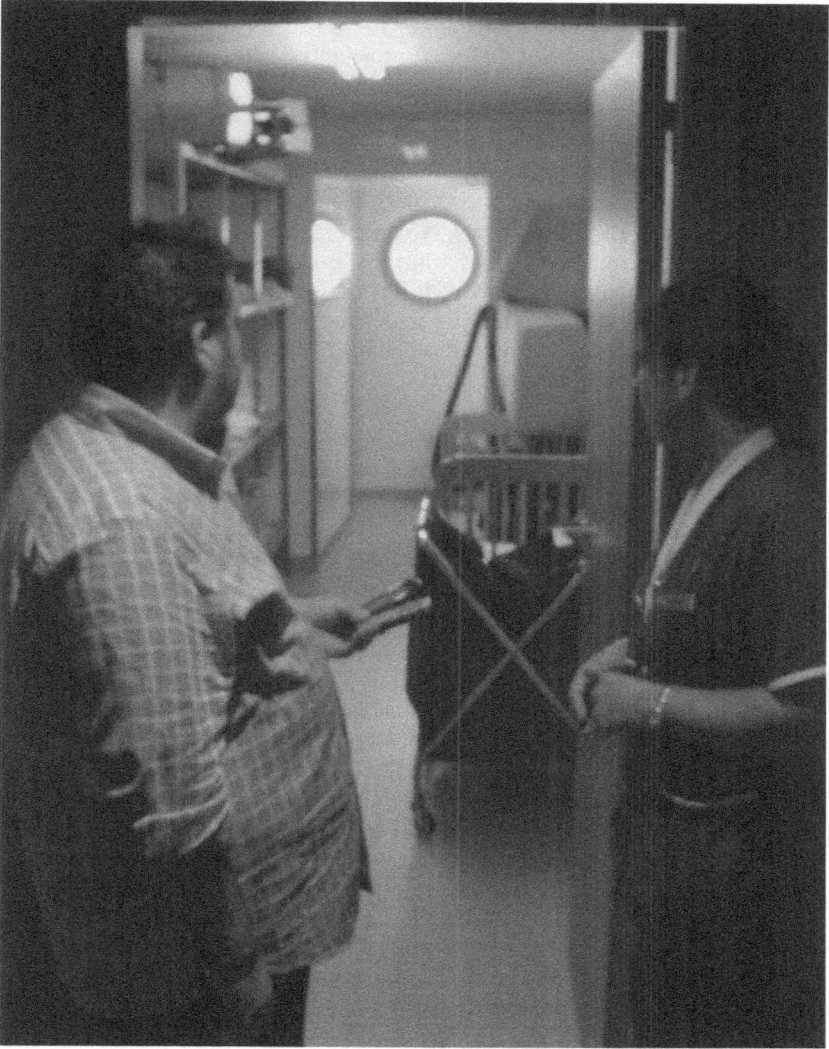

El autor del libro junto a Isabel Campos, empleada que lleva más de veinte años presenciando fenómenos extraños en el Parador de Cardona. Fotografía de Toni García Mullor.

con la mayor naturalidad posible, algo que sin duda ha contagiado de forma positiva a los compañeros que llevan menos años ejerciendo su trabajo en el enigmático parador.

Como comentaba más arriba tenemos que ser muy cautos a la hora de dar nuestro veredicto sobre nuestra investigación en el lugar y, por encima de todo lo que no podemos hacer, saquemos los resultados que saquemos, es alterar de forma negativa la visión o percepción que tienen los empleados sobre estos fenómenos. No podemos decirles que lo que se manifiesta son seres malignos o demonios, porque eso crearía un estado sugestivo muy negativo que provocaría con total seguridad estados psicológicos peligrosos. Debemos destacar siempre lo positivo de todo esto; por ejemplo, decirles que son unos privilegiados por vivir experiencias que pocas personas pueden llegar a presenciar a lo largo de su vida y sobre todo tranquilizarlos en el caso de que estén asustados o sugestionados. Nuestra labor psicológica también es muy importante. El investigador paranormal en ocasiones necesita ser un poco psicólogo y anteponer el bien y la estabilidad emocional de las personas a otras cuestiones personales. En nuestro dosier privado ya anotaremos nuestras conclusiones, pero démosle confianza y tranquilidad a las personas afectadas, que bastante tienen con lidiar cada día con lo extraño como para amedrentarlos todavía más metiéndoles el miedo en el cuerpo.

Otro tipo de lugares similares a este son los centros públicos y privados, como ejemplo el que hemos denominado como «Hospital Español» un centro hospitalario donde suceden fenómenos muy extraños que tienen en vilo a los trabajadores. Se encuentra en pleno funcionamiento, por ese motivo hemos bautizado el hospital con el nombre genérico de «español», ya que además no es el único centro sanitario de nuestro país donde suceden este tipo de fenómenos. Investigar en estos lugares es sumamente difícil, puesto que siempre hay gente en su interior, por lo cual nuestra mayor faceta debe ser la psicología. Debemos transmitir calma y tranquilidad a las personas que se ven desbordadas por lo paranormal, igual que comentábamos anteriormente.

¿Se da cuenta, amigo lector, de la importancia del investigador y su psicología a la hora de enfrentarse a según qué casos? Es algo tan importante o más que otras cuestiones técnicas o de trabajo de campo, las cuales iremos conociendo en próximos capítulos.

Los embalses también se han puesto de moda dentro de la investigación paranormal. Por ejemplo tenemos el parque acuático de Sitges, el lago de Bañolas, el pantano de Foix y la piscina de Castellnou, pero por encima de todos existe un embalse maldito por excelencia que la prensa local califica a menudo de leyenda negra, debido a los accidentes mortales, suicidios y asesinatos que enturbian la vida de este lago, conocido como el «lago pequeño», ubicado en Terrassa, a escasos metros del famoso Hospital del Tórax.

Investigar en este tipo de lugares es sencillo y complejo a la vez; la facilidad la encontramos en que el enclave es de libre acceso y tenemos absoluta libertad para trabajar. La dificultad sin embargo empieza a la hora de buscar testigos directos y de analizar los resultados de las investigaciones de campo. Al estar en un lugar abierto, corremos el riesgo de que los sonidos ambientales y del entorno nos puedan llegar a confundir con sucesos paranormales, por eso la principal regla en estos lugares es intentar no sugestionarse y tener la mente muy fría. Tampoco podemos descartar que alguien nos vea y se esconda entre la maleza para intentar gastarnos una broma pesada, por lo tanto debemos ser conscientes de la complicada tarea que tenemos a la hora de dar por auténticos ciertos fenómenos que captemos en lugares similares a este.

Los pueblos abandonados también son lugares similares a estos embalses. La gran y ventajosa diferencia es que en algunos de ellos aún quedan casas donde poder refugiarnos para llevar a cabo nuestro trabajo de campo. En España los pueblos abandonados con mayor leyenda de fenómenos paranormales son Belchite, Ochate, Jafre, Marmellar y Corbera de Ebro. A este último acudimos con las cámaras de Antena 3 como testigo el 29 de diciembre de 2009. Durante el reportaje los equipos empezaron a fallar después de que la ouija nos dijese que dejáramos de grabar y no le hiciésemos caso. Casualidad o no, unos atribuían esos fallos a la humedad, otros a manifestaciones paranormales, lo preocupante de todo es que el cámara de televisión aseguró que jamás le había ocurrido esto en su dilatada carrera profesional, y es que en un momento determinado su cámara se cambió sola a grabación automática y se abrió el obturador. Desde ese instante no fue capaz de solventar el problema. Menos mal que fue al final de la jornada de grabación.

Este es un claro ejemplo de que en la mayoría de ocasiones al terminar una investigación te quedas con la duda sobre el origen de los fenómenos,

Corbera de Ebro. Fotografías de Fran Recio.

sobre todo en lugares abandonados donde no tienes el apoyo de unos testigos de excepción que habiten de forma permanente el lugar, como ocurre en viviendas particulares, negocios o centros públicos y privados. La labor de investigación es por tanto más fácil de emprender, pero más complicada de resolver.

Por último, los lugares preferidos por los investigadores son aquellos edificios con un pasado truculento, donde la impregnación de los sentimientos extremos ha dejado en la actualidad fenómenos desconcertantes. Tenemos lugares muy populares como Cortijo Jurado, el preventorio de aguas de Bussot, el sanatorio de Agramonte, el fuerte de San Cristóbal —popularmente conocido como la cárcel del horror— y muchos otros que dan «vida» a fenómenos relacionados con la muerte, por lo menos a priori, pero sin duda el lugar por excelencia dentro de estos enclaves tenebrosos es el mítico Hospital del Tórax, posiblemente el lugar más popular hoy en día dentro del misterio en España, un antiguo hospital que he tenido la oportunidad de investigar durante cuatro años, algo que sin duda me ha curtido mucho dentro de la investigación paranormal.

Este centro sanitario mide entre sus nueve plantas más de sesenta y seis mil metros cuadrados y tiene zonas externas como jardines, casas y una enorme capilla donde se han realizado rituales satánicos y misas negras. El hospital en el pasado fue uno de los centros sanitarios de investigación más importantes de Europa. En él experimentaban con animales —incluso se rumorea que con personas—, llegándose a realizar el primer trasplante experimental de corazón en España, concretamente con un ratón.

Los muros del viejo edificio contemplaron numerosos suicidios, hasta tal punto que en la década de los sesenta y los setenta el Hospital del Tórax tenía el mayor índice de suicidios de todos los hospitales de España, con unas cifras aterradoras. Hay quien habla incluso de mil suicidios en los treinta y cinco años de vida que tuvo el hospital. Seguramente será una barbaridad, pero no es menos cierto que durante varias semanas tuve a un familiar cercano ingresado allí y se produjeron varios suicidios, algo demasiado habitual en la década de los sesenta a los ochenta.

Hoy en día el viejo hospital se está convirtiendo en el Parc Audiovisual de Catalunya. Entre sus muros se han rodado centenares de películas, anuncios, programas de televisión y videoclips. Por allí han pasado personajes famosos de todas las profesiones, desde actores y directores de cine hasta deportistas y cantantes, entre muchos otros. Algunos de

Página anterior y arriba, Hospital del Tórax. Fotografía de José Moral.

ellos, sobre todo los relacionados con el mundo del cine, hablan de fenómenos paranormales y sensaciones muy extremas que no han percibido en ningún otro lugar. Situaciones de las que también hablan empleados, investigadores y curiosos que se han adentrado en este enigmático lugar.

La ventaja que tenemos en edificios con estas características con respecto a los pueblos abandonados y los embalses es que si montamos un perímetro de seguridad en el interior tenemos más fiabilidad a la hora de dar por buenos los resultados que obtengamos, ya que el riesgo de equivocación es menor que estar en medio de la naturaleza a altas horas de la noche. Más adelante veremos que no es nada complejo montar nuestro propio perímetro de seguridad y conoceremos algunos consejos muy sencillos que nos serán de gran utilidad.

Ahora vamos a adentrarnos en otra parte realmente importante del libro para forjarnos como investigadores paranormales productivos. Vamos a conocer a qué peligros podemos enfrentarnos durante nuestras investigaciones y cómo poder evitarlos. Este apartado que viene a continuación nos servirá sobre todo para nuestros inicios como investigadores.

## Peligros y medidas de seguridad

Una vez que tenemos localizado nuestro lugar de investigación, bien sea una vivienda habitada, un negocio o cualquier enclave abandonado, debemos intentar conocer lo mejor posible el terreno, su historia y los rumores que impregnan el lugar, para evitar caer en los peligros principales a los cuales nos enfrentaremos como investigadores, que básicamente son psicológicos y mentales, como vamos a conocer a continuación.

Podríamos catalogarlos en cinco grupos: sugestión, confianza, adicción, obsesión y creencias.

- La *sugestión* es el principal de nuestros «defectos» como investigadores, a la cual podemos llegar a través de la confianza, la obsesión y las creencias personales. Por lo tanto es un estado muy peligroso y común al cual se enfrentan muchos investigadores, sobre todo en los inicios. Es, por consiguiente, normal que al principio nos sugestionemos así que no hay que preocuparse en exceso. Con el paso del tiempo y la experiencia iremos controlando nuestra sugestión sin que esta llegue a afectarnos de forma considerable. Por ejemplo, si tenemos miedo a la oscuridad, investiguemos de día o alumbremos bien la zona donde vamos a trabajar; si nos asusta la soledad no vayamos solos a investigar; si nos causan vértigo las alturas evitemos ventanas y azoteas a la hora de llevar a cabo nuestras experiencias. Siempre tenemos que intentar sentirnos lo más cómodos y a gusto posible para evitar así la sugestión.
- Antes de conocer otros estados que también nos pueden llevar a la sugestión, conozcamos otro de los grandes peligros a los que nos podemos enfrentar sin ni siquiera darnos cuenta: se trata de la *adicción*. Hay personas que llegan a engancharse a ciertas prácticas que realizan en las investigaciones de campo, lo más común son las adicciones a las psicofonías, la ouija, incluso la escritura automática y el tarot. Estas dos últimas nada tienen que ver con la investigación, pero forman parte de otra vertiente del misterio muy adictiva que nos sirve a modo de ejemplo. Hay personas que llegan a un punto tan alto de adicción que son incapaces de tomar cualquier decisión en su vida sin consultar a la ouija, las voces psicofónicas, la escritura automática o su tarotista personal. Vamos a centrarnos en lo que realmente

nos importa: la ouija y las psicofonías, que son las prácticas más habituales que se suelen utilizar dentro de la investigación como método directo de contacto con los fenómenos paranormales.

En el año 2005 conocí a Cristina, una mujer de mediana edad, quien cada día al levantarse realizaba una sesión de ouija en su habitación, en la cual consultaba sobre todo lo que tenía que hacer ese día y pedía consejo al tablero. Esto es un auténtico peligro, ya que de entrada le estamos dando a la ouija un poder enorme: el de tomar decisiones por nosotros. Además lo que quiera que se manifieste mediante el tablero miente en la mayoría de ocasiones, jugando con nuestros sentimientos, ilusiones, traumas y esperanzas, para antes o después —una vez que se gana nuestra confianza— hacernos daño o utilizarnos a su interés, anulándonos como persona.

Sobre las psicofonías podríamos decir lo mismo, aunque en esta ocasión las personas adictas a ellas juegan con una pequeña ventaja con respecto a los adictos a la ouija, y es que no siempre se consigue grabar voces, la comunicación es menos constante y fluida que mediante el tablero, lo que implica «menos riesgo» en determinadas ocasiones. Otro de los peligros con respecto a esta adicción es que muchas de las psicofonías que se captan dan lugar a diferentes interpretaciones y normalmente una persona sugestionable, adictiva, creyente u obsesiva puede asimilar el contenido de la voz a sus miedos, traumas, creencias y obsesiones. Prueba de la dificultad que existe para saber qué dice realmente una voz de este tipo la tenemos en el momento en que ponemos la grabación a varias personas de forma independiente, sin decirles qué interpretamos nosotros. Llegan a darse por norma general numerosas interpretaciones que nada tienen que ver entre ellas. Por lo tanto, los peligros de adicción hay que tenerlos en cuenta y no experimentar de forma que podamos engancharnos a las voces o al tablero. Siempre tenemos que ser conscientes del riesgo que esto supone si no estamos concienciados y preparados psicológicamente.

- La *confianza* es otro de nuestros defectos como investigadores. Seguramente en determinadas etapas de nuestra trayectoria profesional nos acechará como un buitre leonado ronda a su presa.

Debemos ser muy desconfiados con respecto a la causa paranormal, no creernos nada de lo que nos digan y por mucho que llevemos meses o años investigando un determinado lugar nunca debemos fiarnos de «ellos». Se ha podido comprobar a lo largo de la historia que la causa paranormal siempre intenta ganarse nuestra confianza —cueste una semana o diez años— y, cuando lo consigue, muestra su cara más feroz e intenta hacernos daño psicológicamente o dominarnos para someternos a sus peticiones, las cuales en esa situación son bastante peligrosas y desagradables.

La única medicina contra la confianza es ser desconfiado siempre. Para ello sólo tenemos que pensar una cosa: realmente no sabemos quién hay a ese otro lado, ni quién se está comunicando con nosotros. Mientras seamos conscientes de esto, lo seremos también de que no podemos fiarnos por muy buenas palabras que tenga con nosotros. Si nos olvidamos de esto por un instante, antes o después caeremos en las terribles garras de la confianza y seguramente sucumbiremos a las fechorías de la parte más negativa de lo paranormal.

- La *obsesión* es otra cuestión peligrosa que puede llevarnos a la sugestión, por eso mis recomendaciones personales son siempre las mismas: debemos tomarnos cada investigación como lo que es, un trabajo del cual desconectamos cuando nos marchamos. No podemos seguir dándole vueltas a lo ocurrido en esa investigación, sobre todo si lo sucedido nos preocupa, nos atemoriza o nos obsesiona. Esto debemos tomarlo como cualquier otro trabajo o actividad. Al terminar, desconectamos. Soy consciente de que sobre todo al principio será una tarea muy complicada, pero por eso exactamente debemos trabajarnos este aspecto personal, ya que si no le damos importancia terminaremos cayendo en la sugestión y los problemas empezarán a agobiarnos de forma peligrosa.

Personajes como Friedrich Jürgenson y Konstantin Raudive tuvieron que dejar de grabar psicofonías durante una temporada en sus vidas porque su obsesión llego a tal extremo que aseguraban escuchar voces en cualquier ruido del ambiente, incluso en los motores de cualquier vehículo o aparato. Si estos genios de la investigación cayeron en la extrema obsesión, quiere decir que todos estamos expuestos a sufrir sus consecuencias, por lo tanto debemos ser cautos y cuidadosos en ese aspecto.

- Por último, el peligro que menos se comenta a la hora de exponer los riesgos a los cuales nos enfrentamos durante las investigaciones, y que para mí es el más peligroso, es el de nuestras *creencias* personales, ya sean estas religiosas o espirituales. Si somos férreos creyentes religiosos y realizamos investigaciones paranormales o experimentamos algún tipo de comunicación con el otro lado, pensaremos que quien se comunica es Satanás o algún tipo de demonio, ya que las religiones consideran que detrás de estos fenómenos se esconden demonios que juegan con nosotros y pueden afectarnos de forma muy negativa en nuestra vida cotidiana, incluso llegar a poseernos. Si creemos en esto, vamos a perder nuestra confianza, nos vamos a obsesionar, nos sugestionaremos y terminaremos con problemas psicológicos de extrema gravedad. Lo mismo ocurre si tenemos creencias personales espirituales sobre una energía cósmica, universal, y todas estas nuevas tendencias que nos rodean hoy en día. Para ellos, los fenómenos paranormales son causados por espíritus del bajo astral —personas que han muerto y eran asesinos, violadores, drogadictos, etc., los cuales se pegan a nosotros afectando así nuestro bienestar y creándonos muchos problemas; dicen que si vas a un lugar abandonado te los traes pegados y te chupan la energía. Si esa teoría fuese cierta, en el Hospital del Tórax por ejemplo no habría «fantasmas» porque después de tantos años y con tantas personas como han ido por allí, no quedaría ninguno. Sin embargo la actividad paranormal sigue igual de viva que al principio de nuestras investigaciones en el año 2005. Lo que quiero decir con esto es que sólo hace falta ser un poco analítico para darse cuenta que algunas de estas creencias no se sostienen por su propio peso, sino por la fe incondicional de sus adeptos que no valoran ni cuestionan nada, sólo creen en ello sin más. Si usted pertenece a este tipo de creyentes, le recomiendo que no realice investigaciones si no quiere correr el riesgo de sufrir estados emocionales negativos.

Para todos los demás, nunca olvidéis este apartado, os evitaréis muchos problemas y situaciones desagradables. Ahora vamos a continuar conociendo la parte técnica, los instrumentos que podemos utilizar en nuestras investigaciones para obtener registros paranormales.

# Capítulo 3

# Equipo técnico para la investigación

Una de las facetas importantes de la investigación se basa en el aparataje que podemos utilizar. Se ha vendido mucho eso de que un buen investigador necesita grandes artilugios para «cazar» fantasmas. Sin embargo, eso dista mucho de la realidad. Seguramente, amigo lector, estará acostumbrado a ver fotografías de otros investigadores o grupos que salen rodeados de multitud de aparatos, grabadoras, mesas de mezclas, ordenadores y otros artefactos que le dan a la instantánea una impresionante sensación de que tenemos ante nosotros a un experto e importante investigador, cosa que quizá sea así en algunos casos, pero en la mayoría de ellos es simplemente pura demagogia. ¿Por qué les cuento esto? Por la sencilla razón de que a la hora de realizar investigaciones paranormales esos aparatos fantásticos que vemos en esas fotografías nunca se mueven de donde están —bien colocados para la siguiente fotografía—, así que vamos a dejar de aparentar ser los cazafantasmas de las películas americanas y centrémonos en lo que verdaderamente importa: lo que realmente necesitamos para realizar una investigación paranormal e intentar ajustar los costes al mínimo, ya que sobre todo en nuestros inicios no contaremos con demasiado capital para invertir en tecnología. Una vez que vayamos progresando y comencemos a vender algún artículo a revistas, escribir algún libro o colaborar con algún medio de comunicación, ya podremos ir mejorando nuestra parte tecnológica, pero de entrada, aunque a todo el mundo le gusta disponer de la mejor tecnología, no es tan importante como algunos quieren hacernos creer. Para obtener resultados positivos es más importante el experimentador y su forma de trabajar que ir cargado con dos furgonetas de aparatos. Todo esto lo empezaremos a conocer a partir de este capítulo y hasta el final del libro. Seguramente, después de leerlo y llevarlo a la práctica, todos ustedes me darán la razón.

## APARATOS PARA LA CAPTACIÓN DE PSICOFONÍAS

Una de las prácticas más utilizadas en la investigación paranormal es la captación de voces psicofónicas, y la pregunta que siempre plantean los menos experimentados en esta materia es qué tipo de grabadora necesitamos para captar estas voces. Incluso recuerdo que en uno de mis viajes a Belchite hubo una pareja de jóvenes que nos encontramos en la iglesia de San Agustín, antes de comenzar a experimentar, que nos dijeron que, según tenían entendido, para grabar psicofonías se necesitaban unas cintas especiales. Aquellas palabras siempre las recordaré. ¿Cintas especiales? ¡Qué barbaridad!, pensé en aquellos instantes, aunque por otro lado me dije: «Cuánta desinformación hay con respecto a estos temas. ¿Por qué no sacan de una vez por todas un manual de investigación paranormal?».

Podemos captar psicofonías con cualquier soporte que registre audio, desde los magnetófonos antiguos de bobina abierta hasta un teléfono móvil, pasando por cualquier grabadora analógica, digital o mp3. La leyenda de que sólo se graban psicofonías con grabadoras analógicas es uno de los bulos más grandes y absurdos que existen con relación a la captación de estas voces. Personalmente, tengo una grabadora digital que me costó sólo cincuenta euros, con la cual he registrado más de mil psicofonías, cifra a la que no he conseguido acercarme ni de lejos con aparatos mucho más caros, aunque para la fotografía quedan mucho más bonitos. Pero como lo que nos interesa es hacernos investigadores paranormales con este libro, dejemos las cosas bonitas a un lado y vayamos a lo práctico. Vamos a conocer los diferentes soportes de audio más popu-

Grabadora de bobina abierta.

lares que existen para el registro de psicofonías, pero recordad, cualquiera de ellos es igual de válido.

## Magnetofón

Este tipo de grabadoras es de las primeras que se utilizaron para la captación de voces paranormales. Hoy en día la mayoría de investigadores tiene una en su despacho. Podríamos decir que es una pieza de coleccionista importante, sobre todo las de bobina abierta. Cuentan con la ventaja de que podemos seguir utilizándolas, incluso adaptarlas a las nuevas tecnologías y pasar el audio del aparato al ordenador para mejorar la calidad del sonido a través de diferentes filtros, lo que nos aporta una mejora importante.

Existen diferentes tipos de magnetófonos, a pesar de que la mayoría de personas crea que este término sólo define las típicas grabadoras de bobina abierta.

El primer magnetofón de la historia es conocido como «magnetofón de alambre». Los primeros registros se captaron en la cuerda de un piano, lo que hizo plantearse a la ciencia de la época otras opciones. Sin duda el más popular de todos y el que seguramente ahora tendremos en nuestra cabeza mientras leemos estas líneas es el de bobina abierta, que utiliza un sistema de grabación magnético analógico. Hoy en día podemos encontrarlo también digital.

Otro tipo de magnetofón es el de casete. Funciona con cinta magnética de audio y solamente está en formato analógico. Fue la marca Philips quien sacó los primeros modelos en el año 1963. Poco después comenzaron a salir al mercado los famosos equipos de música de doble pletina, que supongo que todos recordarán como un gran avance en nuestra forma de escuchar y grabar la música, sobre todo en la década de los ochenta.

El último modelo de magnetofón y el menos utilizado para la captación de voces paranormales es el conocido como magnetofón de cartuchos. Lo interesante de este modelo es que reproduce automáticamente sólo el fragmento que hemos grabado. Fue utilizado en radio para emitir cuñas publicitarias. Sin duda un aparato curioso con el cual apenas se ha experimentado dentro del mundo de las psicofonías. ¿Será cuestión de empezar a hacerlo para ver qué resultados nos aporta?

## Grabadora de sobremesa

Este tipo de aparato de grabación fue el más usado por los investigadores hasta la aparición de la era digital. Incluso hoy en día, la mayoría de ellos llevan alguno en sus investigaciones paranormales. Los resultados que podemos obtener con este soporte analógico de grabación son realmente interesantes, aunque debemos adaptarles un micrófono externo en la mayoría de casos. Si grabamos con el micrófono interno que viene incorporado en la grabadora, sobre todo en aquellas más antiguas, el ruido que produce el motor de arrastre de la cinta magnética puede llegar a ser demasiado molesto a la hora de escuchar lo previamente grabado; por eso lo recomendable es adaptar un micrófono externo con unos cinco metros de cable y separarlo del soporte grabador.

Grabadora de sobremesa.

Estos aparatos son cómodos de llevar y además quedan muy bien para la foto, así que podemos utilizarlos de forma productiva a la vez que lucimos nuestros «encantos» tecnológicos.

## Grabadora de reportero

Sin duda este soporte de audio es el más cómodo de todos y el más sencillo de desplegar, ya que no es necesario adaptarle un micrófono externo, sobre todo si la grabadora es digital. Para hacernos una idea de la gran calidad de grabación que tiene este tipo de artilugios sólo tenemos que ser un poco observadores y ver en televisión cuando numerosos periodistas están entrevistando a un famoso fuera de los estudios. Muchos de ellos utilizan para grabar sus comentarios este tipo de grabadoras, ya que la calidad de registro de sonido es realmente buena. Por lo tanto, tenemos el aparato casi perfecto para experimentar con psicofonías, por su sencillez, facilidad de manejo, comodidad y efectividad. Sin duda, mi recomendación es que vuestra primera grabadora sea una de

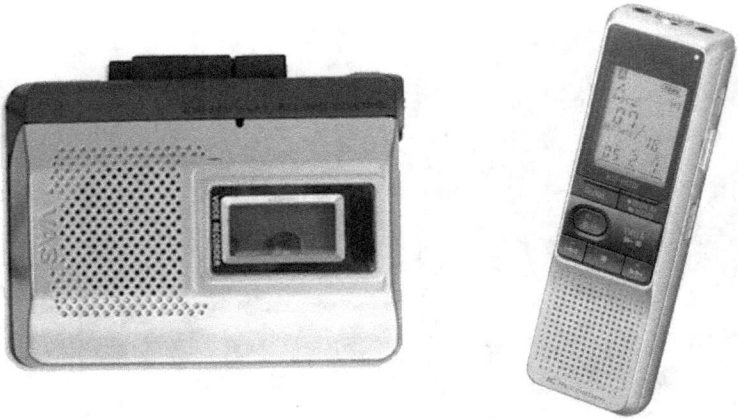

A la izquierda, grabadora de reportero analógica.
A la derecha, grabadora de reportero digital.

reportero, ya que podemos encontrar algunos modelos a un precio muy asequible, que nos servirán para investigar en cualquier tipo de lugares, incluso en aquellos que nos pidan discreción, ya que no nos resultará complicado camuflarla debido a su pequeño tamaño.

### Teléfonos móviles, ordenadores y mp3

En pleno año 2012, hasta los teléfonos móviles y los grabadores de mp3 tienen una calidad lo suficientemente buena como para registrar psicofonías. ¿No se registraban antiguamente con los magnetófonos? Por muy mala que sea la calidad de grabación de nuestro teléfono seguramente superará con creces la que tenían aquellos rudimentarios soportes de audio, así que no debemos preocuparnos si no podemos adquirir una grabadora. Podemos empezar a experimentar con cualquier soporte que registre audio, como comentaba al principio de este apartado. Incluso nuestro ordenador de casa o portátil nos puede dar un rendimiento positivo. Muchos investigadores los utilizan para experimentar, sobre todo en el laboratorio, dando resultados sorprendentes que nada tienen que envidiar a cualquiera de los aparatos previamente comentados.

Incluso jugamos con la ventaja de que nos evitamos tener que pasar la grabación al ordenador para su posterior análisis. Los programas que podemos utilizar para procesar las grabaciones son entre otros el *Adobe Audition* y el *Gold Wawe*, ambos no demasiado complejos de utilizar, aunque necesitaremos un mínimo de conocimientos en la edición de audio (en internet puedes encontrar cursos gratuitos).

Es todo un mundo por descubrir sin duda, este de la tecnología, ya que no sabemos a qué o quién nos enfrentamos aunque, como digo siempre —no quiero parecer pesado pero es una rotunda realidad—, llegaremos a decantarnos por unos métodos, técnicas, tecnología y experimentos u otros a través de nuestras experiencias. Este libro sólo nos hará iniciarnos como investigadores, con los conocimientos necesarios para arrancar en nuestra carrera. Luego serán nuestras investigaciones y resultados los que nos dicten el camino. Por eso debemos ser conscientes de que nadie es poseedor de la verdad absoluta, cada cual trabaja en base a lo que sus experiencias le han dictado. Quizá por eso este mundo de la investigación paranormal sea tan apasionante, ¿no creen?

## Micrófonos

Lo primero que debemos tener en cuenta sobre los micrófonos no es que tengan la mayor sensibilidad; eso dependerá del lugar donde vayamos a realizar nuestra investigación. Por ejemplo, no podemos pretender utilizar micrófonos que capten frecuencias que nuestro oído no escuche en un lugar que no sea un laboratorio perfectamente controlado. Sería absurdo, y de hecho lo es, lo que hacen muchos investigadores de acudir a lugares abandonados con «súper» micrófonos de alta sensibilidad y ponerse a grabar, ya que corremos el riesgo de captar sonidos ambientales o incluso voces lejanas de personas que nosotros no escuchamos, pero que sin embargo se producen y nada tienen que ver con lo paranormal. Para evitar este tipo de errores, lo mejor es recurrir al truco de la abuela —además de trucos curativos y recetas de cocina, nos aconseja en este tipo de cosas, grande como siempre la abuela—, que no es otro que colocar la grabadora y el micrófono en función de la grabación y que, a una distancia determinada y visible por nosotros, un compañero comience a hablar en voz baja y producir ruidos que nuestro oído pueda llegar a escuchar, pero que sin embargo no queden registrados en nuestra grabadora.

Una vez midamos la distancia y tengamos controlado el lugar podemos colocar un sensor de movimiento que controle ese perímetro, para mayor seguridad. Eso nos dará una fiabilidad mayor a la hora de valorar captaciones extrañas, por lo menos sabremos que pisamos sobre un terreno más firme que si utilizamos cualquier micrófono de alta sensibilidad. Este truco personal creo que os vendrá muy bien para evitar errores.

Tenemos seis tipos de micrófonos con los cuales poder experimentar. Sinceramente, igual que con las grabadoras, poco importa utilizar uno u otro; está sobradamente demostrado que para las voces paranormales nuestra tecnología no es un problema. Se adaptan a micrófonos omnidireccionales, unidireccionales, bidireccionales, parabólicos y micrófonos tanto de zona de presión como de gradiente de presión. Por lo tanto, en este aspecto también nuestra experimentación con todos ellos nos hará decidirnos por el que más nos guste.

## Tipos de cámaras de vídeo y fotografía

Otra de las típicas experiencias que se buscan en una investigación paranormal es la captación de imágenes fantasmales o extrañas, tanto en vídeo como en cámara fotográfica. Aquí, al contrario que ocurre con los aparatos de grabación de audio, sí dependemos mucho de la calidad de nuestros aparatos. Cuanto mejor equipo tengamos más posibilidades tendremos de realizar un buen análisis del resultado obtenido. Por lo demás, también resulta indiferente la calidad de este, ya que la causa paranormal, como comentábamos anteriormente, se adapta perfectamente a nuestra tecnología. Yo personalmente he utilizado todo tipo de cámaras para intentar registrar anomalías paranormales, y mi única extrañeza la capté grabando con un teléfono móvil —una silueta negra pasó por delante sin que nos percatáramos de ello; fue al revisar el vídeo cuando lo vimos—. Las únicas instantáneas las registré con una cámara de fotos de bastante baja calidad, aunque eso dificultó bastante su posterior análisis, dejándome con la permanente duda. Si podemos adquirir un buen equipo de vídeo y fotografía será mucho mejor, pero si nuestra economía no nos lo permite tampoco hay que preocuparse en exceso; podemos comenzar a experimentar con los aparatos de que dispongamos, ya iremos mejorando nuestro equipo con el paso del tiempo.

¿Qué tipo de cosas podemos captar en forma de imagen? Seguramente ante esta pregunta tengan en la cabeza la imagen de la típica figura fantasmal, pero les diré que existen muchas otras cosas extrañas que podemos llegar a registrar, algunas de ellas muy comunes, que conoceremos más a fondo en próximos capítulos. ¿Les suena la palabra «orbes»? Para muchos, son manifestaciones directas de otra realidad, para otros simples motas de polvo. Propondremos experimentos para que puedan llegar mediante ellos a resolver esta cuestión, basándose en sus propias experiencias, que en definitiva es uno de los objetivos de este manual. Otro de los efectos que podemos captar son los efectos lumínicos o extrañas energías blanquecinas, azuladas, verdosas, anaranjadas y de otros colores que se interponen entre la cámara y el escenario que queremos inmortalizar. También las sombras y las figuras espectrales pueden quedar plasmadas en nuestras cámaras, aunque no suelen ser tan comunes como las orbes y las energías lumínicas. Ahora vamos a conocer los diferentes tipos de cámaras que podemos adquirir para adentrarnos en este sombrío mundo de la «caza» paranormal.

## Cámaras de vídeo

Las primeras cámaras de vídeo datan del año 1923, cuando el ruso Vladímir Kormich inventó el primer aparato rudimentario capaz de registrar imágenes. Desde entonces y hasta hoy han salido al mercado numerosos tipos de cámaras, las cuales podríamos calificar en cuatro grupos: *broadcast*, profesionales, semiprofesionales y domésticas. Las cámaras *broadcast* son las que se utilizan en televisión, sus dimensiones son muy grandes, igual que su calidad, aunque estas no nos sirven para experimentar, ya que su precio es de decenas de miles de euros —quince millones de las antiguas pesetas—, por lo tanto, nos sería casi imposible trabajar con estos aparatos. Si queremos hacer una inversión económica grande, es mucho más rentable adquirir una cámara térmica, que nos permitirá disfrutar mucho de nuestras investigaciones. Su coste, aunque es también bastante alto, no supera los doce mil euros.

Las cámaras profesionales, aunque son más asequibles que las *broadcast,* también tienen un coste demasiado elevado para invertir en ellas, sobre todo si nuestro bolsillo no nos lo permite. Este tipo de cámara se utiliza en algunos estudios de grabación, en exteriores, sobre todo por

Cámara de vídeo.

reporteros de calle y en pequeñas cadenas televisivas que no pueden soportar los costes de las *broadcast*.

Lo recomendable por calidad-precio son las cámaras semiprofesionales, que tienen una calidad bastante buena y suficiente para lo que queremos hacer, «cazar» manifestaciones paranormales. Su precio es bastante asequible en comparación al resto de cámaras de las cuales hemos hablado; incluso si no podemos desembolsar los dos mil o tres mil euros que nos pueda costar una, tenemos la opción de adquirir una videocámara doméstica. En este caso recomiendo alguna que tenga visión nocturna, ya que grabar en modo de infrarrojos en ocasiones puede aportarnos sorpresas agradables. Podemos grabar en absoluta oscuridad lo que nosotros no podemos ver. Estas cámaras tienen un coste entre doscientos cincuenta y mil ochocientos euros aproximadamente. La marca Sony suele ser de las mejores en calidad y visión nocturna.

De nuestro bolsillo depende qué tipo de cámara y modelo adquirir. Lo recomendable por calidad-precio es la semiprofesional, como hemos comentado, aunque eso no quiere decir que con ella vayamos a captar

Cámara de vídeo.

más fenómenos paranormales. Les recuerdo que, personalmente, las únicas imágenes extrañas que capté fueron recogidas con un teléfono móvil. Así que no hace falta que hagan grandes inversiones económicas tampoco en este aspecto.

## Cámaras fotográficas

Si tenemos diferentes tipos de cámaras de vídeo, con las fotográficas la variedad aumenta de forma importante, tenemos un sinfín de modelos y precios que oscilan entre las cámaras de usar y tirar que tienen un coste desde diez euros hasta otras que cuestan miles de euros; la variedad es tremenda. Las más comunes y utilizadas son las compactas y las réflex. Antes debemos puntualizar un detalle brevemente: para muchos investigadores la era digital en el tema de cámaras fotográficas ha sido todo un avance para la captación de formas paranormales en nuestras instantáneas, pero también implica un gran riesgo: la manipulación de las imágenes mediante el sistema informático.

91

Arriba, cámara fotográfica compacta.
Abajo, cámara fotográfica réflex.

Las cámaras compactas se utilizan para uso no profesional y su precio es bastante más asequible que las réflex, utilizadas para uso profesional. Mientras una compacta la podemos encontrar desde un precio de setenta euros aproximadamente, la réflex suele oscilar los quinientos euros, sin contar los extras que necesitamos para poder explotar su uso al máximo. Nuevamente de su bolsillo depende adquirir un modelo u otro. Para los «fantasmas» no es importante el tipo de cámara: ¿lo es para usted?

Ahora vamos a conocer otro tipo de aparatos utilizados en la investigación paranormal que quizá le sorprendan si no está usted habituado a este tipo de «aventuras», en busca de lo desconocido.

## Termómetros y estaciones meteorológicas

La importancia de los termómetros y las estaciones meteorológicas en una investigación paranormal es fundamental, sobre todo si tenemos en cuenta que a lo largo de la historia se ha encontrado un patrón común en los lugares donde se manifiestan fenómenos paranormales: los cambios bruscos de temperatura son una constante. Siempre se ha asociado el descenso de la temperatura a la manifestación de fenómenos paranormales. Se dice que la causa paranormal, sea cual fuere, necesita absorber energía para poder manifestarse y lo que hace es cogerla de nuestra temperatura ambiente; incluso en ocasiones lo hace de la nuestra vital, por eso en algunos lugares nos sentimos sin fuerzas, sin energía y con dolor de cabeza. Siempre se ha asociado la termogénesis —nombre técnico con el que se definen estos cambios bruscos de temperatura— al descenso energético, pero según pude experimentar en lugares como Torrebonica, el Hospital del Tórax y varios edificios con fuerte actividad paranormal, la temperatura también tiende a ascender de forma inexplicable. Mi experiencia más impactante fue un ascenso de 28º en menos de veinticinco minutos, lo más extraño de todo es que ese aumento de calor se produjo sólo en el aparato, ya que en el entorno la temperatura no había subido, lo cual me llevó a la conclusión de que la causa paranormal es capaz de manipular nuestros termómetros y estaciones meteorológicas igual que manipula otro tipo de aparatos. Una vez más tuve ante mí la prueba de que para los «fantasmas», nuestra tecnología es fácilmente manipulable.

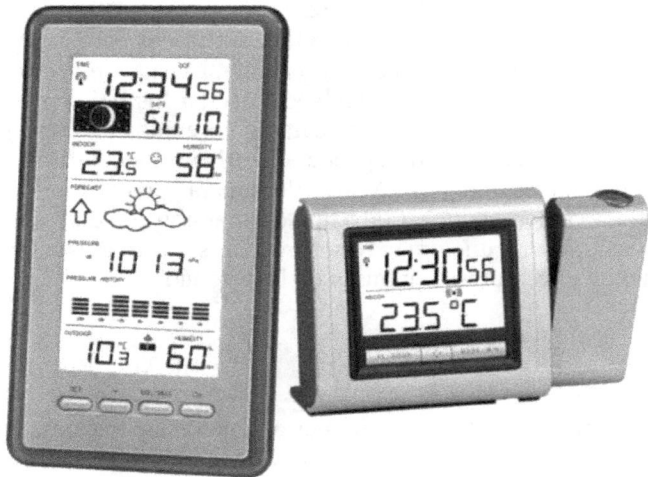

Estación meteorológica.

Tenemos diferentes tipos de termómetros, algunos analógicos y otros digitales. Si buscamos la mayor precisión a la hora de medir la temperatura ambiente lo ideal es utilizar los digitales. Sus costes económicos son asequibles para cualquier bolsillo; aun así, por menos de cinco euros podemos encontrar termómetros de aguja. De todas formas, lo recomendado en estos casos sería una estación meteorológica, ya que por norma general suelen llevar otro medidor ambiental externo, para poder así medir la temperatura y la humedad en dos lugares a la vez, ya que la humedad también sufre cambios bruscos en los lugares con actividad paranormal. Otra característica importante de estos aparatos es que suelen incorporar otro tipo de medidores: fase lunar, clima, hora, fecha, etc., lo que nos permite anotar con más detalle las condiciones ambientales y del entorno en el momento en que se produce un fenómeno paranormal. De esta forma podremos llegar a establecer estadísticas y patrones comunes, algo que nos servirá de gran ayuda en nuestras futuras investigaciones.

En un cementerio de San Martí de Centellas nos dimos cuenta de que la actividad paranormal era mayor cuando el pronóstico del clima en la estación meteorológica indicaba «despejado». También la fase lunar nos ha aportado información en lugares como Belchite. Cuando esta termina su fase de luna llena, la actividad de registros psicofónicos es más intensa y de mayor calidad. ¿Casualidad?

## Volumétricos y otros aparatos

Tenemos otros aparatos, además de los que acabamos de comentar, que suelen ser de mucha utilidad en las investigaciones de campo; por ejemplo los volumétricos o detectores de movimiento, utilizados para alertarnos de presencias invisibles a nuestros ojos.

Existen varios modelos de aparatos, pero los más comunes son aquellos que miden la masa de volumen y saltan cuando detectan un cambio volumétrico en el ángulo que están midiendo. Estos aparatos suelen servirnos para varias cuestiones importantes, desde la captación de alguna presencia extraña hasta para controlar una zona determinada. En el Hospital del Tórax, debido a sus amplias dimensiones, teníamos que utilizar varios sensores para crear un perímetro de seguridad, ya que si no la rigurosidad de la investigación podía verse seriamente afectada. En ocasiones incluso cada sensor iba acompañado de una cámara de vídeo que nos permitía revisar las imágenes en el caso de que alguno de ellos nos alertara de alguna presencia. En la mayoría de ocasiones al revisar las cintas comprobábamos que no había pasado nada ni nadie por delante del volumétrico, lo cual dejaba a todo el equipo de investigadores perplejo.

Con este tipo de aparatos podemos realizar varios experimentos interesantes que iremos conociendo en capítulos posteriores; es una de nuestras «armas» más utilizadas en las investigaciones paranormales.

El detector de biomasa o electroestático también suele ser utilizado en la investigación paranormal. Muchos investigadores y aficionados a estas temáticas creen que estos aparatos detectan presencias fantasmales, pero lo cierto es que miden la electricidad estática del lugar. Por eso es muy común que en lugares abandonados estos aparatos se vuelvan locos, ya que la cantidad de polvo y las condiciones del lugar hacen que se acumule mucha electricidad estática. Poniendo como ejemplo nuevamente el Hospital del Tórax, les diré que este tipo de aparato desvariaba sobre todo en el viejo cine, donde se disparaba debido al gran manto de polvo y suciedad que acumulaba esa zona. Por lo tanto,

A la izquierda, detector de movimiento. A la derecha, detector de biomasa.

debemos ser cautos y analizar bien nuestro entorno, teniendo en cuenta posibles causas naturales que hagan que nuestro aparato de biomasa se dispare intensamente.

Las brújulas también suelen utilizarse para las investigaciones. Dicen que captan el magnetismo de la tierra y que los «fantasmas» son capaces de alterarlo, es por eso que muchos investigadores colocan alguna brújula en la zona de trabajo. Personalmente en el apeadero de la muerte «Torrebonica» tuve una experiencia de este tipo. Durante un fenómeno de termogénesis, la aguja de la brújula dio varias vueltas, como si se hubiese desorientado. Sin duda la experiencia fue curiosa, aunque no tanto como la que presenciaron Isaac Godoy, Sandra Márquez y Alberto Carmona en el conocido «Castillo del Infierno», Torre Salvana, donde colocaron la brújula encima del tablero de ouija y de forma absurda e inexplicable la aguja iba dando vueltas desorientada, hasta que llegaron a descifrar esa desorientación: la causa paranormal quería guiarlos hasta un túnel escondido, del cual hasta ese instante nadie tenía conocimiento de su existencia.

El precio de las brújulas suele ser muy asequible, las tenemos desde cinco euros. Los detectores de movimiento suelen costar en torno a los veinticinco euros.

A partir de aquí podemos experimentar con cualquier aparato que consideremos oportuno. Tenemos que tener muy claro que no sabemos qué son los fenómenos paranormales ni cómo se manifiestan ni por qué. Además también desconocemos hasta dónde pueden llegar sus capacidades, por lo tanto debemos ser imaginativos si queremos avanzar en busca de conocer el origen de los fenómenos paranormales. En este manual exponemos los aparatos básicos que se han utilizado y se utilizan desde siempre. Ahora, en tu labor de investigador, debes sacar tu ingenio y buscar nuevas fórmulas de experimentación. Seguro que te parece un reto apasionante, ¿verdad?

Ahora nos vamos a enfrentar posiblemente a la parte menos valorada para algunos, pero en realidad la más importante para otros: el experimentador como receptor de fenómenos. Sin una persona que experimente, los aparatos no sirven para nada.

## El experimentador como receptor de fenómenos

Los aparatos son importantes porque nos dan la posibilidad de captar fenómenos de forma objetiva. Los aparatos no se sugestionan mientras que las personas sí somos proclives a la sugestión, sobre todo en nuestros inicios como investigadores. Sin embargo, no siempre está ese término tan mal utilizado por los detractores —la sugestión— detrás de los fenómenos subjetivos que experimenta el investigador o el testigo directamente.

Todas las personas tenemos una sensibilidad más o menos desarrollada, que nos permite en determinados momentos percibir sensaciones poco comunes que consideramos extrañas. Por ejemplo, ¿quién no se ha notado alguna vez observado o como si hubiese alguien detrás de él? ¿Quién no ha escuchado en alguna ocasión cómo alguien lo llamaba por su nombre, mientras se encontraba solo en su casa? Son sensaciones a las cuales no les damos importancia y nos olvidamos de ellas sin más, sin embargo, eso a lo que la mayoría de personas no hacen caso se llama sensibilidad extrasensorial. Cada persona puede tener un tipo de sensibilidad. Mi amigo y compañero Fran Recio la tiene para la ouija. Cuando él la participa de forma activa la causa paranormal se manifiesta con más claridad, fuerza e inteligencia. Como yo le digo: «Fran, eres un médium inconsciente para la ouija». Otras personas tienen la sensibilidad de percibir voces y sonidos procedentes de otros planos dimensionales (mimofonías y clariaudiencias, como veremos más adelante). Algunas son capaces de ver escenas que los demás no logramos contemplar, hay quien tiene más suerte que otros en la captación de psicofonías, pero siempre que ocurre esto es de forma involuntaria e incontrolada. No creo que esa sensibilidad sea algo que acompañe a las personas las veinticuatro horas del día y mucho menos en horario de oficina, como quiere hacernos creer parte del sector esotérico y adivinatorio. La sensibilidad depende de muchos aspectos para que en determinados momentos y ocasiones se amplifique dejándonos percibir cosas extrañas. Nuestro estado emocional, nuestra salud, la vitalidad que tengamos en ese momento, etc., son cuestiones que influyen de forma considerable a la hora de potenciar o disminuir nuestra sensibilidad.

Existen también otras cuestiones ligadas a esto que estamos comentando, por ejemplo, la intuición. Debemos dejarnos llevar por ella durante la investigación, ya que en esos instantes metidos en situación, durante la búsqueda de lo paranormal, nuestros sentidos están más alerta y nuestra sensibilidad es más propensa a aflorar. En muchas ocasiones, la intuición y la corazonada de los investigadores ha conseguido llevarlos hasta un nuevo punto en la pesquisa que ha sido crucial para el desenlace positivo de la misma. Por tanto, demos rienda suelta a nuestros sentidos mediante nuestra intuición y trabajemos sin complejos. De esta forma, veremos cómo los resultados van cada día mejorando, hasta que llegue un momento en el que tengamos nuestra propia forma de trabajar y experimentar, lo que nos dará una identidad única y diferente al resto de investigadores.

¿Qué tipo de sensibilidad tienes? ¿Te has parado a pensarlo en alguna ocasión? Ahora ya puedes hacerlo, seguro que te sorprendes después de varias investigaciones.

## La ouija como método de investigación

La ouija, como todos sabéis, es un tablero que contiene en una de sus caras las letras del abecedario, los números del cero al nueve y las palabras «sí» y «no». Algunos llevan también «hola» y «adiós», incluso frases compuestas como «No entiendo, pregunta mejor».

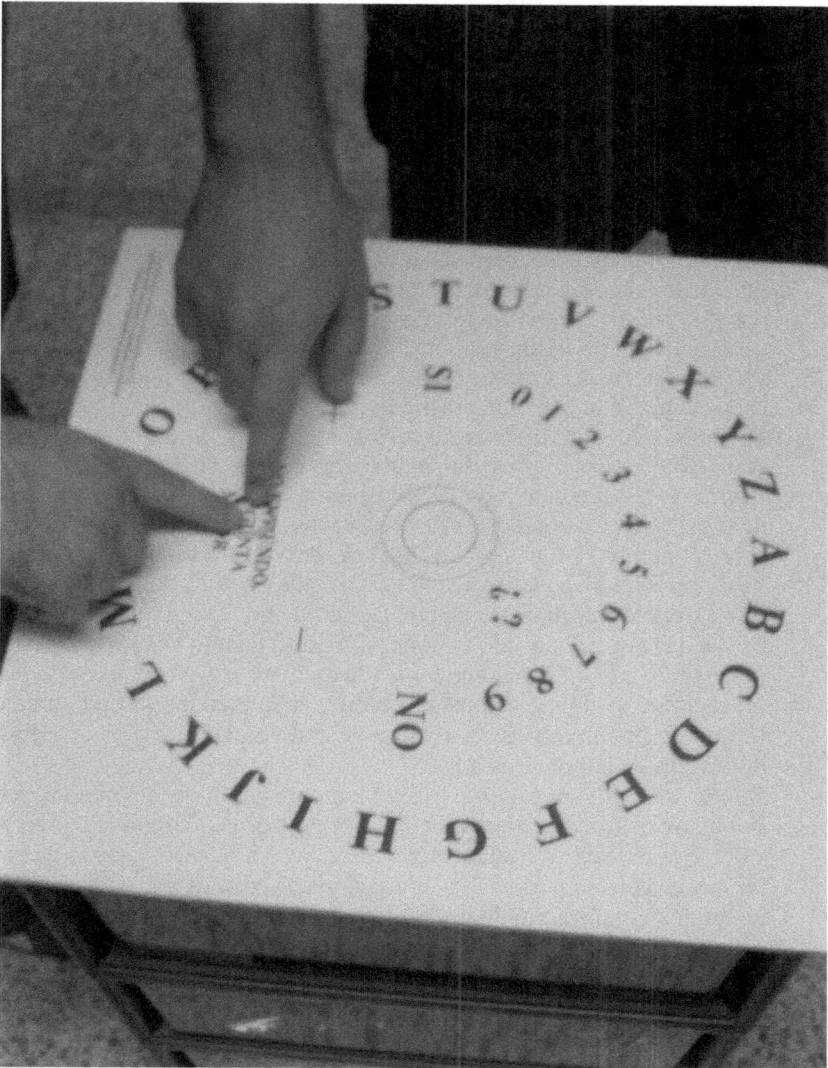

Tablero de ouija.

Este tablero arrastra numerosas leyendas oscuras a su alrededor. Por eso quizá algunos investigadores de lo paranormal no le dan la importancia que tiene para determinados momentos de la investigación, donde puede llegar a ser muy útil, aunque en otras ocasiones no nos sirve para nada. Pero antes de meternos de lleno en esta controversia, vamos a conocer las teorías que existen con respecto al origen de este peculiar sistema de contacto.

- *Teoría de los muertos:* la principal de todas es la teoría que intenta explicar el origen de la mayoría de fenómenos paranormales, la que vincula la autoría de las manifestaciones y comunicaciones a las personas fallecidas. Esta teoría podríamos decir que es la fácil, la popular, pero ¿realmente es la correcta? Bueno, esa pregunta debéis resolverla vosotros según vuestro criterio, una vez que empecéis a llevar este manual a la práctica. Si me preguntaran a mí, diría que a pesar de haber realizado cientos de sesiones de ouija, lo único que tengo claro es que desconozco el origen de las comunicaciones.

- *Teoría de los extraterrestres:* ¿podríamos estar ante comunicaciones con seres de otros planetas? Esa es la pregunta que se plantea mucha gente, incluso en ocasiones se han establecido comunicaciones mediante el tablero con supuestas entidades que decían proceder de otros mundos de nuestro universo, hasta hay quien asegura que a través de la ouija han sido citados para presenciar avistamientos ovni. Es posible, aunque mi experiencia me dice que este sistema de comunicación no suele ser demasiado fiable, ya que en un alto porcentaje lo que se comunica suele mentir, dejándote siempre con la eterna duda: ¿quién habrá al otro lado?

- *Teoría del subconsciente:* probablemente la ouija se mueva por impulsos neuromusculares inconscientes, por eso, algunos expertos valoran la hipótesis del subconsciente, que vendría a decir, que lo que se plasma en el tablero es una manifestación colectiva de los subconscientes de los experimentadores. Si esta teoría fuese cierta, no tendrían demasiado sentido algunas experiencias propias que he vivido en este campo, por ejemplo, sesiones donde el máster se desplazaba a gran velocidad, parándose en seco encima de las letras, formando así frases coherentes que en muchos momentos incluso te hacían perder el hilo de la conversación debido a la velocidad de vértigo, teniendo que revisar con posterioridad la cámara de vídeo para leer qué nos había dicho la ouija. También en ocasiones se han producido manifestaciones físicas guiadas por parte del tablero, sobre todo en lugares como Torre Salvana, apodado el «Castillo del Infierno», debido a los extremos fenómenos que en él tiene lugar. Ubicado en Santa Coloma de Cervelló, en plena Colonia Guell.

• *Teoría de los seres dimensionales:* otra teoría de las más valoradas, y una de las que más me gusta, es la que habla de seres de otra dimensión, que nunca han sido ni serán terrenales: otra forma de vida que desconocemos, pero que sin embargo en demasiadas ocasiones llega a fusionarse con la nuestra. Esta teoría encajaría perfectamente con los patrones en común que hemos encontrado en las sesiones de ouija y con la extrañeza de los mismos, ya que de entrada, cada teoría expuesta anteriormente deja algún fleco suelto que la hace improbable. ¿Eso vendría a decir que esta teoría es la correcta? Por supuesto que no, pero podríamos estar bastante cerca del origen, ¿no crees?

Como os comentaba anteriormente, debéis ser vosotros, mediante la experiencia, los que juzguéis qué teoría se acerca más a la realidad. En este manual, no pretendemos inculcaros teorías o haceros poseedores de la más absoluta realidad, entre otras cuestiones, porque ni siquiera el que escribe el libro la sabe. Como consejo os diré que dudéis de aquellas personas que aseguran saberlo todo, ya que se estarán dejando llevar por sus creencias o sencillamente estarán mintiendo. Solicitad pruebas ante afirmaciones tan rotundas y serias y veréis como todo es una cortina de humo. Sólo por vosotros mismos podréis llegar a obtener respuestas, y no siempre será así; nos movemos en un terreno muy resbaladizo, no lo olvidéis.

¿Es recomendable utilizar la ouija durante las investigaciones paranormales? Si nos ceñimos a que no sabemos el origen de las comunicaciones, no, pero ¿acaso sabemos el origen de las psicofonías, teleplastias o cualquier otro tipo de fenómenos paranormales? ¡Pues no! Entonces, por esa regla de tres, no podríamos experimentar con ningún fenómeno.

Tenemos que tener en cuenta un factor fundamental: que sólo aquellas personas psicológicamente estables, que no estén pasando por una depresión, por la muerte de un ser querido o en circunstancias delicadas emocionalmente pueden practicar este tipo de comunicaciones. Además es aconsejable que tampoco lo hagan aquellas personas que tengan miedo, sean sugestionables o férreas adictas a creencias religiosas o espirituales, ya que seguramente se creerán todo lo que la ouija les diga y esta miente el noventa y nueve por ciento de las veces, aunque existe un uno por ciento, que en determinados lugares especiales llega a ser incluso del veinte por ciento de ocasiones en el que la ouija dice la verdad. Es por ese porcentaje mínimo por el cual utilizar la ouija durante las investigaciones paranormales puede sernos de gran ayuda, sobre todo si la realizamos evitando que delante de la sesión estén personas emocionalmente alterables por este tipo de práctica. En varias ocasiones, mediante el tablero hemos encontrado datos que nos han llevado hacia la dirección correcta en una investigación, aunque en la mayoría de ocasiones no nos ha servido de nada, a parte de disfrutar de una grata comunicación con algo aparentemente externo a nosotros.

En definitiva, puede sernos de utilidad este método siempre y cuando seamos sensatos y no olvidemos lo que tenemos ante nosotros, comprobemos siempre lo que nos dicen y sólo nos quedemos con aquello objetivo que podamos comprobar.

Podríamos resumir este capítulo en unas palabras: «Es más importante el investigador y su forma de trabajar que la calidad tecnológica de la que dispongamos; para la causa paranormal nuestra tecnología no es un problema, puede alterar cualquier aparato y soporte que se proponga».

# Capítulo 4

# La fenomenología paranormal

En este capítulo vamos a conocer qué son los fenómenos paranormales y los diferentes tipos que existen. Nos centraremos en los más comunes, aquellos que seguramente se plantarán ante nosotros en más de una ocasión cuando comencemos a investigar este tipo de extrañezas.

Nos adentraremos en el mundo de las psicofonías, mimofonías, clariaudiencias, mediumnidad, posesiones, fantasmas, espectros, orbes, impregnaciones, termogénesis, ectoplasmas y teleplastias entre otros. Además indagaremos en algo que suele ser demasiado frecuente durante las investigaciones paranormales: la alteración y las anomalías en nuestros aparatos de investigación. ¿Por qué ocurre esto? Una pregunta difícil de responder, que intentaremos resolver en el último apartado de este capítulo. Ahora vamos a centrarnos ya en qué es la fenomenología paranormal.

## ¿QUÉ ES LA FENOMENOLOGÍA PARANORMAL?

La fenomenología paranormal abarca los sucesos extraños y poco comunes que se producen y que no tienen una explicación científica hoy en día. La mayoría son fenómenos subjetivos, difíciles de poder probar más allá del prisma personal, pero otros son objetivos, sobre

Viejo cine del Hospital del Tórax.

todos aquellos que se captan con nuestra tecnología, ya que los aparatos no son sugestionables, todo lo contrario que le ocurre al ser humano.

Los fenómenos subjetivos serían aquellos relacionados con la percepción humana: escuchar voces, percibir presencias, sentirse vigilado, tener una visión y notar que te tocan, serían algunos de ellos, mientras que los fenómenos objetivos más comunes podrían ser las psicofonías, las fotografías, imágenes en vídeo, sensores de movimiento que saltan sin que pase nada por delante, cambios bruscos en la temperatura ambiente cuando sólo se registran en nuestro termómetro, aparatos que inexplicablemente dejan de funcionar o comienzan a emitir fallos imposibles. A pesar de que estos fenómenos sean objetivos, no quiere decir que finalmente tengan un origen paranormal. Lo que quiere decir es que se han producido realmente, ya que si nuestros aparatos captan algo es porque se ha tenido que producir. La tecnología no se imagina las cosas, al contrario que los fenómenos subjetivos, que no sabremos nunca si realmente se llegaron a producir o tan sólo fue un reflejo de nuestra sugestión o de nuestra propia imaginación, que se vio alterada por una mala percepción de nuestro entorno.

Los fenómenos paranormales suelen producirse en lugares donde hay una gran carga emocional, con un pasado trágico o escenarios donde en la actualidad se están produciendo momentos de gran emotividad o violencia emocional.

Los antiguos hospitales están de moda, como es el caso del Hospital del Tórax, el sanatorio de Sierra Espuna, el de Agramonte y muchos otros. Nadie pone en duda que en lugares como esos la gran carga emocional que se vivió en el pasado ha dejado una impregnación tan fuerte que hoy en día los investigadores van a ellos en busca de respuestas. No son los únicos aptos para la manifestación de esta fenomenología; también existen lugares de ocio, como piscinas, discotecas, balnearios y casinos donde el paso de los años ha dejado su huella en modo de impregnación, igual que restaurantes, hoteles y otros negocios, que en la actualidad y en pleno funcionamiento son escenario de extrañas manifestaciones.

Tenemos que tener en cuenta que cada persona que acude a ellos deja algún destello emocional; eso, multiplicado por miles o millones de personas, crea una tremenda impregnación emocional, que hace que en algunos lugares, por algún motivo que desconocemos, un día cualquiera, se abra una puerta a otras realidades. El parador de Cardona es un ejemplo de ello. Allí pude entrevistar a empleados de mantenimiento, conserjes, señoras de la limpieza, incluso a su director, el señor Jaume Sebastián. Algunos se mostraban escépticos; otros sin embargo, como la señora Isabel Campos, que es la segunda persona más antigua de la platilla actual del parador, con veinte años de trabajo a su espalda, me aseguró que muchas de las historias que se cuentan son reales. Ella misma ha presenciado varias incluso, entre sus compañeras, han puesto nombre al fantasma «Celedonio», nombre de un santo mártir de Cardona.

El autor del libro entrevistando al director del parador de Cardona, Jaume Sebastián.

Existen diferentes teorías al respecto sobre el origen de los fenómenos paranormales; vamos a conocer las más comunes y valoradas por los investigadores:

- *Teoría de los muertos:* la principal de todas, valorada por investigadores, creyentes esotéricos y espirituales, es la que considera que detrás de los fenómenos paranormales están las personas fallecidas. Para los más creyentes serían espíritus del bajo astral —etiqueta que ponen en el tema espiritual a las almas de aquellas personas que fueron malas en vida, asesinos, delincuentes, drogadictos, etc.— que se encuentran perdidos en la tierra y no hallan su camino, o su luz, como dicen ellos.

  Me cuesta creer esta teoría, considero por mi experiencia —debéis hacer lo mismo, valorar sólo mediante las experiencias— que en ese otro lado, si son muertos los que se manifiestan, habrá de todo como en la tierra: buenos, malos y regulares.

  Dentro de esta teoría se cree que estos espíritus se alimentan de nuestra energía y vitalidad, incluso se pegan a nosotros y pueden crearnos problemas en nuestra vida cotidiana. Al parecer los defensores de esta teoría aseguran que muchos de nuestros problemas diarios vienen causados porque llevamos pegados entes del bajo astral.

- Otra teoría relacionada con los muertos es según expertos en el campo de la investigación como el famoso doctor Raymond Moody y el químico industrial Sinesio Darnell entre otros, la de la *interfase*. Según explican en sus trabajos, puede existir una interfase o punto medio entre la vida y la muerte, por donde todos pasamos al morir, permaneciendo allí durante un determinado tiempo. Serían las personas que se encuentran en esa interfase las que se comunicarían con nosotros y provocarían los fenómenos paranormales. Esta teoría es realmente interesante y podría explicar muchas cuestiones, en las que otras teorías tienen lagunas.

- *Teoría de la impregnación:* para algunos investigadores, todo lo que ocurre en un determinado lugar queda impregnado en ese espacio, como una especie de memoria virtual interna. Para ellos, los fenómenos paranormales y las comunicaciones con el supuesto más allá son sólo una reproducción del pasado del lugar que, por algún motivo que desconocemos, comienza a reproducirse en formas de intervalo en el tiempo. Por eso sólo captamos o presenciamos fragmentos, que en ocasiones no tienen ningún sentido para nosotros. Es la *teoría de la impregnación del pasado*. Si fuese cierta, ¿cómo es posible que algunas de estas comunicaciones sean inteligentes o en ocasiones se manifiesten fenómenos a petición nuestra? Seguramente, esta sea una de las teorías que más flecos sueltos deja, aunque eso no quiere decir, que sea errónea. Mientras no lleguemos a resolver el origen de estos fenómenos no podemos descartar ninguna teoría, por muy descabellada que nos parezca.

- Otra teoría relacionada con la impregnación, es la denominada *teoría de la impregnación energética*. Todos, según esta teoría, vibramos a un nivel energético. Esas vibraciones irían impregnando los lugares, dependiendo de la intensidad con que vivamos cada momento. Con el paso de los años, en determinados lugares, algo activa esa impregnación y se revela en forma de fenómenos paranormales. Esta teoría, bajo mi experiencia personal, deja muchos cabos sueltos, como la mayoría que habla de impregnaciones. La más coherente de todas ellas podría ser la teoría de la *impregnación emocional,* que viene a decir que nuestros sentimientos y emociones desprenden una energía que, dependiendo de nuestra emotividad en ese momento, impregna con mayor o menor intensidad el lugar donde estamos. Deja concentradas todas las emociones allí, para que en un momento determinado comiencen a desvanecerse y desaparecer. Cuando esto ocurre, comienzan a producirse fenómenos que desconocemos, a los cuales llamamos paranormales. También esta teoría explica que todos tenemos cierta capacidad sensitiva y, dependiendo de ella, percibimos con mayor claridad este tipo de fenómenos; por eso hay personas que aseguran que en un determinado lugar se suceden muchos fenómenos paranormales, mientras otros prácticamente lo niegan todo. A esta teoría podríamos sumar la *teoría de los seres dimensionales,* los cuales nunca han sido ni serán terrenales, habitan en otras dimensiones paralelas a la nuestra y se alimentan de nuestras emociones. Absorben nuestra energía para poder manifestarse en nuestro mundo. No queda clara cuál es la intención que estos seres tienen al llevar a cabo sus manifestaciones, pero de lo que sí nos deja constancia esta teoría, es de que, si fuese cierta, muchas de nuestras ideas prefijadas sobre la vida y la muerte dejarían de tener sentido.

La verdad es que nos movemos en un mundo de hipótesis. Hoy en día, no sabemos prácticamente nada con respecto a esta fenomenología.

- *Teoría del subconsciente o psíquica:* esta teoría viene a decir que las manifestaciones paranormales, son una proyección de nuestro subconsciente, que por algún motivo que desconocemos emite una frecuencia o desprende una extraña energía que afecta a la materia, por eso ocurren cosas como objetos que se mueven solos, ruidos inexplicables y otras situaciones catalogadas dentro de la fenomenología paranormal. Sería la teoría con la que muchas personas darían explicación a los *poltergeist,* además la persona desprendería esa frecuencia o energía sólo en momentos puntuales de su vida, cuando su estado emocional está tocado, por depresión, fallecimiento de un ser querido, pubertad, etcétera.

Como vemos, esta teoría podría tener puntos en común con otras que hemos comentado, eso nos demuestra que nos movemos siempre entre arenas movedizas; nos queda mucho que investigar para llegar al fondo de la cuestión.

La teoría psíquica, que algunos confunden con la del subconsciente, expone que, para la manifestación de fenómenos paranormales tienen que darse dos factores: uno llegado desde el más allá, y es que existe un emisor, que sería la causa paranormal, que es quien desencadena los fenómenos, y otro factor terrenal, que sería la persona psíquica, quien hace de aparato transformador, capta la frecuencia paranormal imperceptible para el ser humano y la transforma en una frecuencia ubicada dentro de nuestros parámetros, que hace que todos seamos testigos de las manifestaciones paranormales.

Seguramente ahora te asaltarán dudas respecto a todas estas teorías. Es normal, me asaltan a mí, que llevo cientos de investigaciones. Lo importante es valorarlas todas, no dejarse ninguna por descabellada que parezca y analizar cada experimento, cada investigación, para ver cuál de ellas se acerca más a la verdad.

## Psicofonías

Las psicofonías son voces, ruidos y sonidos que se registran en cualquier soporte sonoro y que a la hora de producirse son inaudibles para el oído humano. Es cuando se reproduce la grabación cuando las escuchamos.

Estas voces en ocasiones se muestran inteligentes, coherentes y parecen percatarse de nuestro entorno, incluso algunas de ellas parecen conocernos y saber el futuro, entre otras capacidades que nos sorprenden por su incomprensión.

Para que nos hagamos una idea de lo desconcertantes que pueden llegar a ser estas voces, os pondré un ejemplo que se ha repetido en varias ocasiones, seguramente la mayoría de investigadores que experimenten de forma frecuente con ellas tendrá alguna como la que vamos a comentar. Una voz que responde a la pregunta antes de formularla, por lo menos, así lo escuchamos al rebobinar la grabación: «Cinco... ¿Cuántas personas estamos aquí?», «Rojo.... ¿De qué color es mi camiseta?».

No sabemos qué formula adoptan estas voces para comunicarse ni para dejar sus registros en nuestros aparatos, lo que sí sabemos es que desconciertan a cualquiera, incluso a los investigadores que llevan décadas intentando saber qué hay detrás de este fenómeno.

Es gracioso que aún hoy en día existan personas que crean que estas voces, de origen desconocido, sean simples ruidos o sonidos ambiente. Lo mejor para salir de dudas es como venimos diciendo en este manual, experimentar por uno mismo, para ello vamos a ver lo sencillo que es grabar una psicofonía.

### Grabar una psicofonía

Lo primero que tenemos que hacer es controlar nuestro entorno, si no tenemos el control de lo que nos rodea o un buen perímetro de seguridad, nos será imposible realizar una sesión psicofónica fiable. Para ello, es recomendable grabar en lugares apartados del casco urbano, a poder ser en un lugar apartado de la ciudad. Si, por las cuestiones que sean, tenemos que hacerlo en un piso o un lugar en plena ciudad, debemos buscar las horas más acordes para ello, por ejemplo entre la una y las cinco de la madrugada, horario en el que nuestros vecinos seguramente estarán durmiendo y apenas pasarán coches por la calle. Además, deberos acudir al truco de la abuela, utilizando un micrófono de baja sensibilidad: si tenemos a mano un bote de vidrio hermético, podemos colocar el micrófono en su interior. Este tipo de envase, aunque no aísla el sonido externo del todo, sí que nos servirá para eliminar bastante ruido ambiente y darnos algo más de seguridad.

Una vez que tengamos controlado nuestro entorno lo máximo posible, podremos comenzar a grabar psicofonías. Es muy sencillo, sólo tenemos que poner a grabar nuestro soporte sonoro y esperar a ver qué ocurre. Tenemos la opción de mantener silencio o de ir haciendo preguntas. Indistintamente, lo recomendable son grabaciones de uno o dos minutos como máximo, de esta forma no se nos hará pesada su posterior escucha. Si realizamos preguntas, mi recomendación personal es que, dejen un espacio de quince o veinticinco segundos entre pregunta y pregunta. De esta forma las voces psicofónicas tendrán tiempo suficiente para responder. También es aconsejable que vayamos protocolando todos los sonidos ambientes que se produzcan para evitar confusiones. Esto es muy sencillo: si escuchamos el sonido de un coche, decimos en voz alta y clara «sonido de coche pasando», si se escucha un perro ladrando «se escucha un perro ladrar». De esta manera será más difícil caer en el error de dar por paranormal una voz que no lo es, aunque, de todas formas, si no estamos en un lugar insonorizado, siempre corremos el riesgo de caer en el error involuntario.

Un último consejo: debéis mostraros siempre naturales, no forcéis vuestras acciones, ni vuestro comportamiento, la naturalidad es un factor fundamental para obtener resultados positivos. Si tenéis que reír, reíros, si tenéis que toser, tosed, si os apetece gritar, gritad. Olvídad la grabadora y sed totalmente naturales y espontáneos, esto hará que las posibilidades de obtener resultados positivos aumenten en un porcentaje muy elevado. ¿Por qué ocurre esto? Sinceramente, ahora no tengo una respuesta para esta pregunta, sólo sé que es un patrón de comportamiento que he descubierto, que he comentado y analizado con otros investigadores, llegando entre todos a la conclusión de que efectivamente sucede así. Quizá la tensión de experimentar como robots, siguiendo unos pasos concretos, un comportamiento idéntico, una seriedad extrema, hace que no fluya bien la energía de nuestro entorno o crea una barrera mediante nuestro inconsciente que dificulta la comunicación con esas voces. Quién sabe, de momento hemos encontrado este patrón en común, de vosotros depende encontrarle sentido, porque si ocurre, algún sentido deberá tener, ¿no creéis?

## Teorías sobre el origen de las voces

Una vez que conocéis lo necesario para empezar a investigar, adentrémonos en las teorías más populares que existen con respecto al origen de estas voces.

La más valorada sería la *teoría de los muertos o difuntos,* que prácticamente es la misma que hemos explicado anteriormente cuando hacíamos referencia al origen sobre la fenomenología paranormal. Por consiguiente, no nos vamos a extender en este asunto para no repetirnos. Igual ocurre con las teorías de los seres dimensionales, los extraterrestres y la impregnación emocional.

En el fenómeno psicofónico existen además otras dos teorías populares, una bastante desmitificada ya hoy en día: se trata de la *teoría ambiental,* que explica que las psicofonías son simplemente ruidos ambientales o errores que captan nuestros soportes sonoros. Esta explicación sobre el origen de las voces paranormales se caerá por su propio peso en el momento en que empecéis a experimentar, ya que suele ser frecuente que a la cuarta o quinta grabación ya aparezcan respuestas inteligentes a nuestras preguntas o comentarios.

La otra teoría popular que también tiene cada vez menos adeptos, es la *teoría de la impregnación acústica o sonora,* que viene a decir que el sonido se queda rebotando en el ambiente durante equis tiempo, hasta que termina por desvanecerse, siendo estas ondas las que registramos en nuestras grabadoras. Esta teoría ha llegado a tener muchos defensores, aunque cada día que pasa tiene menos, y es que cuando registras una voz que responde de forma coherente a una pregunta que has formulado, la teoría se derrumba. De todas formas, no podemos descartar nada mientras no tengamos una prueba definitiva sobre el verdadero origen de estas voces.

## Los peligros

Friedrich Jürgenson, Konstantin Raudive y muchas otras eminencias de la investigación psicofónica han llegado a obsesionarse con este tipo de voces, teniendo que dejar de experimentar durante un período de tiempo. Si les ha ocurrido a ellos, ¿creéis que nosotros estamos exentos de ese peligro?

Fundamentalmente existen tres peligros con los cuales podemos toparnos si experimentamos con las psicofonías, muy similares a los ya nombrados anteriormente. El primero sería *obsesionarnos* con estas voces y que eso afecte a nuestra vida cotidiana, llegando incluso a poder confundir cualquier ruido que escuchemos durante nuestra jornada diaria con voces moduladas, como les ocurrió a estos dos genios de la TCI (Transcomunicación Instrumental) que acabamos de comentar.

El segundo de los grandes peligros sería el *exceso de confianza:* creernos todo lo que nos dicen estas voces. Tenemos que tener muy claro y de forma permanente que no sabemos quién está detrás de esas grabaciones y, por tanto, puede mentirnos e incluso imitar voces. Igual que tenemos en nuestro mundo personas capaces de imitar la voz de otras personas, ¿por qué no puede haberlos también en ese otro lado? Tened siempre en cuenta esto, ya que si nos creemos todo lo que nos dicen estas voces puede llegar un momento en el que estemos a merced de la causa paranormal, y eso es extremadamente peligroso. No creáis todo lo que escuchéis , y mucho menos, hagáis cosas en contra de vuestra voluntad, por el simple hecho de que se lo pida una de estas voces.

El tercer riesgo que corremos es el de la *sugestión:* si dejamos que estas voces nos intimiden, nos causen miedo o condicionen nuestra vida, entraremos en un peligroso estado al cual habremos llegado mediante la sugestión. Por eso, debemos dejar las creencias personales a un lado si decidimos investigar este fenómeno. Si no lo hacemos, corremos el riesgo de prejuzgar el origen de las voces sin ninguna objetividad.

El religioso creerá que detrás del fenómeno está el demonio, el creyente espiritual que son seres negativos del bajo astral y el defensor férreo de la vida extraterrestre que son seres de otros planetas. Seguramente ninguna de estas opciones sea la que origine el fenómeno, pero nosotros no necesitaremos ni experimentar siquiera para aferrarnos fielmente a nuestra teoría, y la defenderemos a muerte ante cualquier prueba. Por eso debemos liberarnos de nuestras creencias sean cuales sean si queremos experimentar con objetividad este y todos los fenómenos de tipo paranormal.

## Los diferentes tipos de psicofonías

Existen diferentes tipos de psicofonías. Con el paso del tiempo, experimento a experimento, las iréis conociendo.

Se captan voces masculinas, femeninas, infantiles, adultas, ancianas, voces de todo tipo, incluso algunas en tonos que parecen producidas por algún tipo de tecnología. Las más impactantes son sin duda las voces infantiles. Seguramente cuando captéis la primera difícilmente podréis olvidarla, además crean gran impacto también aquellas denominadas de ultratumba, con tono grave, áspero y ronco, típicas de las películas de terror.

Las psicofonías más comunes suelen ser aquellas que nos cuesta interpretar su significado, las cuales estarían encuadradas dentro de la clase B. Las menos audibles, casi imperceptibles, serían de clase C, y todas aquellas claras, que entendemos perfectamente nada más escucharlas, serían de clase A. Esta clasificación la creo el profesor Germán de Argumosa, para poder establecer una estadística y darle a su vez un valor genérico a este tipo de registros paranormales.

Existen voces que nos sorprenden por su tono prácticamente humano. Llegan a ser tan impactantes que crean escepticismo incluso entre el resto de investigadores, ya que muchos de ellos apenas experimentan con el fenómeno y no están acostumbrados a registrar este tipo de voces. Sin embargo, para los que sí lo estamos, es una prueba de que todo es posible dentro de este campo tan desconcertante donde nos movemos.

Otro tipo de voces con el que os vais a encontrar son las denominadas cantarinas: voces que parecen estar cantando o tarareando lo que dicen. Estas también suelen crear un fuerte impacto en el experimentador, sobre todo en los primeros registros.

Las psicofonías metálicas son otro tipo de captaciones a las que nos enfrentaremos. Estas voces, como comentaba anteriormente, parece que estén creadas con algún tipo de tecnología, ya que parecen prefabricadas, lo que me lleva a pensar a título personal si quizá en ese otro lado nos investigan, igual que nosotros los investigamos a ellos. En una ocasión en Torre Salvana, el lugar más inteligente y extremo que he conocido dentro del misterio, nada más llegar la causa paranormal nos preguntó algo que nos dejó a todos perplejos y pensativos: «¿Qué, venís a investigar o a ser investigados?». Esa pregunta avaló un poco más mi teoría, aunque hoy en día no es más que una teoría personal que no puedo llegar a demostrar.

Estas voces son uno de los fenómenos más inquietantes y atractivos a los cuales nos vamos a enfrentar en nuestra labor de investigadores, es por eso necesario estudiarlo bien, sobre todo porque quizá sea el método más fiable de comunicación que existe, más que la ouija, la escritura automática o cualquier otro. A pesar de ello, recordad que no sabemos quién se comunica ni por qué, sed desconfiados, eso os hará ser coherentes y sobre todo alejaros de los grandes peligros que esconden estas voces. Ahora continuemos conociendo otro tipo de fenómenos paranormales a los cuales tendremos que plantar cara en más de una ocasión.

## Mimofonías y clariaudiencias

No solamente existen voces, sonidos y ruidos dentro del campo de las psicofonías, también hay otros que podemos llegar a escuchar en directo y sin necesidad de grabadoras u otro tipo de aparatos. Voces que nos hablan, sonidos extraños, ruidos que se manifiestan a nuestro antojo, un sinfín de sucesos curiosos y desconcertantes, que la parapsicología ha conseguido catalogar.

Los más comunes son las mimofonías y las clariaudiencias. Vamos a definir ambos términos y sus características más esenciales, ya que este tipo de manifestaciones suele ser más habitual de lo que algunos puedan llegar a imaginar, sobre todo para los que nos enfrentamos día a día a los fenómenos paranormales.

### Mimofonías

Técnicamente, una mimofonía es la imitación de un sonido, de un fonema, de ahí el propio nombre de «mimo», *imitación* y «fonía», *fonema* o *sonido*. Ahora bien, este término se utiliza básicamente dentro del campo de la parapsicología y la investigación paranormal para dar explicación a manifestaciones de tipo paranormal que supuestamente parecen imitar sonidos terrenales que en realidad no se producen. Para entender mejor este término pondré varios ejemplos reales.

El tipo de mimofonía más común, que seguramente habréis escuchado en alguna ocasión y que suele manifestarse en lugares encantados o con fenomenología de tipo *poltergeist*, es el sonido de los cacharros de cocina, cómo se caen todos, liando un tremendo alboroto que en muchos casos despierta a toda la familia, que se encuentra a altas horas de la madrugada tranquilamente durmiendo. Cuando acuden todos a la cocina, la estancia se encuentra en perfectas condiciones y todo correctamente ordenado, sin que en realidad ese alboroto de cacharros se haya producido. Este es el típico ejemplo que se repite una y otra vez, con el que podríamos resumir claramente lo que es una mimofonía, sin embargo existen otros menos comunes y más complejos.

En Granollers, Barcelona, investigué hace unos años un piso donde habitaba una familia, la cual vivía perseguida por fenómenos desconcertantes: uno de los sucesos que más inquietaba a los inquilinos del inmueble tenía relación con las mimofonías. En este caso eran sonidos muy peculiares, todos se identificaban como procedentes de los juguetes de Joel, el hijo menor, de apenas unos años. Sonidos de coches eléctricos que andaban por la casa, cuando en realidad todos los juguetes estaban guardados en la habitación. Un piano que funcionaba solo, como queriendo tocar una extraña melodía, incluso después de que la familia le quitara la batería por el miedo que ese sonido les causaba, el piano parecía seguir con vida, ya que sus teclas volvían a sonar, intentando completar una misteriosa melodía.

Finalmente el pánico llevó a la madre de Joel, Amalia, a destrozar literalmente el piano de juguete y tirarlo al contenedor de basura más cercano, desprendiéndose así de todo misterio, aunque los fenómenos no habían hecho más que comenzar en esa vivienda...

Algo similar ocurría en el domicilio de los Sánchez de Dios, en Terrassa, donde los juguetes del niño se encendían solos en el comedor. Cuando Jordi Sánchez se levantaba algunas mañanas, su esposa Yesika de Dios comentaba sobre los juguetes de su hijo: «Es como si los juguetes le saludasen de buena mañana».

En el Hospital del Tórax, el balneario de Caldes, el edificio de Monistrol y diferentes escenarios que he podido investigar, me he topado con otro tipo de mimofonías, golpes y ruidos violentos que parecen manifestarse a la vez que interactúan con nosotros, bien sea porque quieren alertarnos de algo, intentan asustarnos o simplemente se manifiestan a petición nuestra. Recuerdo que en el Hospital del Tórax, una noche los golpes violentos fueron una constante, no hacía viento, todo seguía en su sitio, pero esos estruendos sonoros se repetían una y otra vez, hasta tal punto que las personas que me acompañaban decidieron marcharse. Unos meses después supe que aquellos acompañantes no eran trigo limpio. Según mis sensaciones, después de haber pasado muchas noches en ese escenario, es que la causa paranormal quería avisarme de algo. Sé que tiene poco de objetivo y mucho de subjetivo esta hipótesis, pero es lo que creo con total sinceridad.

En el balneario de Caldes, los golpes siguieron la misma intensidad que aquella noche en el Hospital delTórax, sin embargo, era la primera vez que acudíamos por ese lugar. La impresión que tuvimos es que allí había algo que no quería que estuviésemos en ese lugar, por eso aquella violencia. Además revisamos habitación por habitación, planta por planta, y el lugar estaba vacío, por lo menos de personas físicas como nosotros, aunque intuyo que no de otro tipo de seres o entidades, ya que los golpes se producían de forma coherente a nuestro paso, como si lo que los produjera supiese siempre dónde íbamos a dirigir nuestros próximos pasos. La causa paranormal se adelantaba a nuestros movimientos. Aquella situación fue realmente desconcertante, una de las más estremecedoras que he vivido personalmente.

En el edificio abandonado de Monistrol, un lugar con doce pisos deshabitados, ocurre algo también alarmante y que desconcierta al más escéptico. Después de revisar habitación por habitación, piso por piso y planta por planta, es frecuente que comiencen a producirse violentos golpes y ruidos, sobre todo, y esto sí que es curioso, los días que no hace viento, los cuales se manifiestan a petición del experimentador. Incluso la intensidad de estos varía según lo soliciten los investigadores, hasta tal punto que algunos de ellos no han conseguido pasar más de una hora en ese escalofriante lugar.

Estos ejemplos vienen a resumir qué podría ser una mimofonía, aunque podemos encontrarnos con algunas manifestaciones que no sabremos si pertenecen a las mimofonías o las clariaudiencias, como por ejemplo lo que ocurrió hace años en casa de mis abuelos. Los que hayan leído algunos de mis libros anteriores o sigan mis intervenciones en los medios lo conocerán, se trata del caso que titulé «La puerta del Infierno»: se produjo un violento y fuerte portazo que sólo escucharon algunas de las personas presentes, mientras que el resto no escuchó nada, pero sí pudieron ver cómo la puerta se cerraba sola. ¿Esto es una mimofonía o una clariaudiencia? Lo mejor para salir de dudas es que conozcamos qué es una clariaudiencia y que posteriormente cada uno juzgue por sí mismo, yo tengo que decir que, muchos años después de ese suceso, aún no tengo la respuesta para esta pregunta. ¿La resolveréis vosotros?

## Clariaudiencias

Al contrario que el término anterior, las clariaudiencias serían una especie de videncia auditiva que sufren determinados sujetos en momentos concretos. Escuchar voces en lugares donde no hay nadie, por ejemplo. Son de corta duración, ya que, por norma general, a pesar de ser muy claro, todo lo contrario que la mayoría de psicofonías, su duración suele ser parecida, aunque siempre hay excepciones. El ejemplo más claro de clariaudiencia seguramente ya lo habréis vivido en primera persona. Se trata de cuando escuchamos que alguien nos llama por nuestro nombre, en ocasiones en casa, en el trabajo o en nuestro lugar preferido, donde vamos a desconectar. Lo extraño es que siempre que ocurre esto, en el sitio donde estamos nos encontramos solos. Personalmente me ha ocurrido en varias ocasiones que al llegar a casa he escuchado alguien que me llamaba «Miguel», y ha sido tan claro que he respondido, dando vueltas por la casa, hasta comprobar que allí no había nadie. Esto es un ejemplo claro y común de lo que sería la típica clariaudiencia. Pero hay otro tipo de ejemplos un poco más escalofriantes, como el que presencié en el piso de Granollers, del cual hemos hablado antes, donde los juguetes cobraban vida por cuenta propia.

Uno de los sucesos más alarmantes para la familia era el testimonio del niño Joel, que decía que su oso de peluche le hablaba. Cuando le rebatían que esto fuese cierto el niño se enfadaba mucho. En una jornada de investigación fui testigo, en dos ocasiones, de cómo una voz masculina, grave y con el tono habitual de cualquier muñeco de juguete, salía del interior de la habitación del niño. En ese instante me encontraba solo en la estancia realizando unas grabaciones, aquello fue realmente espeluznante. Según la familia, ninguno de los juguetes que tenía el niño hablaba, así que imagínense cómo se me quedó el cuerpo después de aquella experiencia.

Este suceso podríamos encuadrarlo bien dentro de las mimofonías o de las clariaudiencias, aunque me quedo con la segunda opción, ya que cuando se produce este fenómeno no todos son capaces de escucharlo.

Se han dado numerosos casos donde sólo algunos de los presentes llegan a escuchar las voces, mientras que el resto del grupo, a pesar de que estas se han producido de forma muy clara para sus compañeros, aseguran que no han escuchado nada. En el hotel de Can Falguera, en Les Fonts, nos ocurrió algo similar, concretamente en la zona donde los fenómenos eran más intensos, un viejo comedor de verano, escuché una voz de una persona anciana, con tono enfadado, que decía: «¿Dónde vais?». En ese instante pensé que sería algún guarda de la finca, aunque me extrañó, porque el acceso al lugar era libre; no había vallas ni carteles que impedían acceder, incluso se llegaba por una zona boscosa abierta al transeúnte. Pasados unos minutos, efectivamente comprobamos tanto mi compañero, que a pesar de estar a mi lado no escuchó nada, como yo, que en ese lugar las únicas personas que había éramos nosotros, demostrándome la situación que había presenciado efectivamente un fenómeno de clariaudiencia.

En Torre Salvana llegó a suceder en varias ocasiones; se producían voces y gritos que sólo escuchaban determinadas personas. Sucedió en tantas ocasiones que todos llegamos a escuchar en varias ocasiones esas voces y gritos, aunque en momentos y días diferentes. Es, sin duda, un fenómeno desconcertante y desconocido este de las clariaudiencias, con el cual tendréis que convivir durante las investigaciones de campo. Sólo espero que sepáis hacerlo con cordura y no os dejéis llevar por la obsesión. Ahora vamos a seguir conociendo otro tipo de fenómenos paranormales.

## Mediumnidad y posesiones

Antes de la era moderna tecnológica, dentro de la comunicación, el médium era el instrumento referente para comunicarse con ese otro lado, sobre todo en el campo espiritual. En la actualidad, sin embargo, las videocámaras, las cámaras fotográficas, las grabadoras, los ordenadores, incluso la ouija, superan con creces a los médiums a la hora de intentar buscar el contacto con otros mundos. Eso no quiere decir que no sigan existiendo los médiums. Claro que hay incluso algunos grupos de investigación que los utilizan en sus trabajos de campo. Hay quienes, de forma no oficial, trabajan en labores de búsqueda con la policía en algunos departamentos.

Dicen que los espíritus hablan mediante el cuerpo físico de los médiums. Si esto fuese cierto, ¿eso no sería una especie de posesión? Para salir de dudas ante esta pregunta que seguramente os habréis planteado en alguna ocasión o lo haréis en un futuro cuando tengáis que indagar este tema, vamos a hacer un inciso en los términos mediumnidad y posesión, para que conozcáis la diferencia entre ambas cuestiones.

### Mediumnidad

La capacidad mediúmnica es supuestamente la que tienen determinadas personas para poder hablar con los difuntos. Si esto fuese cierto, y la causa paranormal que se manifiesta en los lugares donde acontecen fenómenos paranormales está provocada por muertos, nos sería de gran utilidad llevar un médium a nuestras investigaciones, de hecho hay grupos de investigadores que llevan uno. Lo que no es menos cierto es que esto de la mediumnidad es algo que no podemos medir con nuestros aparatos y, por lo tanto, es bastante subjetivo. No podemos darle una fiabilidad demasiado elevada si queremos ser plenamente rigurosos con nuestras investigaciones. Aclarado esto, vamos a dar por supuesto que esta capacidad fuese real y que detrás de los fenómenos paranormales estén como origen de las manifestaciones los muertos, aunque recordad que es sólo una teoría para explicar esta parte del capítulo.

Siempre se asoció al médium con el tema del espiritismo, pero en la actualidad muchos grupos y asociaciones, como por ejemplo el del padre Pilón, el grupo Hepta, cuentan en sus filas con personas dotadas de este tipo de percepción extrasensorial y, al parecer, los resultados que obtienen suelen ser muy interesantes. Personalmente hago una similitud entre la mediumnidad y la ouija, ambos fenómenos subjetivos que pueden llegar a convertirse en objetivos, si llegamos a confirmar que la información que nos aportan es real, sobre todo si la desconocíamos previamente. En ese instante sí tendríamos algo fiable a lo que agarrarnos para valorar con mayor objetividad ambos fenómenos.

La mediumnidad, para concluir, sería una especie de posesión temporal y supuestamente parcial del espíritu sobre la persona, que es aprovechado por la entidad para hablar y comunicarse con nuestro mundo, aunque hay otro tipo de mediumnidad, sobre todo en esta era más moderna, asociada también a las personas, que pueden comunicarse con los difuntos sin que estos posean su cuerpo, como haría la médium del programa que hemos hablado al principio en Telecinco, *Más allá de la vida*.

## Posesiones

A diferencia de la «posesión» mediúmnica, donde la médium voluntariamente se somete a dicha cesión de su cuerpo, la posesión típica o popularmente llamada diabólica, sería totalmente involuntaria por parte de la persona posesa, además no sería parcial, sino total, llegando a estar el cuerpo del poseso a merced de su intruso. Esto, dando por válida la teoría que dice que son demonios, o seres malignos los que poseen a la persona, claro, porque luego existe otra hipótesis que explica este fenómeno como algo mental y psicológico, por eso vamos a profundizar un poco más en este aspecto.

Para la Iglesia católica y otro tipo de religiones no hay duda: estas posesiones son obra de demonios. Según explican, existen numerosos demonios que nos acechan, que son quienes poseen a las personas, en la mayoría de casos porque estas se someten a juegos o prácticas no recomendadas o prohibidas por este tipo de religiones, como el espiritismo, la ouija, el esoterismo, la parapsicología, etc. Según la religión —hablamos de forma genérica porque prácticamente la mayoría opina así—, si abrimos una puerta a lo desconocido, tenemos muchas posibilidades de que nos posean, aunque por otro lado, si analizamos esto, nos daremos cuenta de que normalmente las personas que se dedican a la parapsicología y la investigación paranormal no son las que terminan poseídas, y eso es muy extraño ya que si esta teoría religiosa fuese cierta y existieran las posesiones serían los más expuestos al peligro. Suelen ser personas aferradas a creencias religiosas, espirituales, adolescentes sin personalidad formada y en definitiva personas o bien emocionalmente inestables o fácilmente sugestionables, las que terminan cayendo en esas posesiones. Este conciso análisis nos puede hacer valorar otra teoría como la posible causa de las posesiones. Se trata de la sugestión, incluso una sugestión tan extrema que pueda llegar a crearnos una enfermedad mental que produzca en nosotros un estado en el cual realmente creamos que hemos sido poseídos por un demonio o una entidad maligna. La verdad es que yo valoro esta teoría como la más probable, aunque existen cuestiones que me hacen dudar en demasiadas ocasiones, síntomas que muestran los posesos que parecen en ocasiones darle la razón a la teoría de las religiones. Por ejemplo, aquellos casos en los que el poseso adquiere una fuerza descomunal, fuera de toda coherencia, cuando habla perfectamente idiomas antiguos y lenguas perdidas, incluso habla al revés perfectamente, sin que nadie pueda dar una explicación al respecto. Factores que se escapan a toda lógica y teoría racional, como también lo hace en otros casos donde la física parece desbordar la coherencia, y vemos que el sujeto poseso llega incluso a levitar o dar saltos que nos parecen imposibles para el estado en el que se encuentra la persona. Hay ocasiones en que su piel comienza a sufrir extraños rasguños o aparecen sobre ella símbolos y manchas extrañas cuyo origen nadie puede llegar a identificar: situaciones que desmontan por completo las teorías más racionales que se plantean con respecto al origen de estas posesiones.

La Iglesia católica tiene entre sus sacerdotes algunos especialistas en exorcismos, como por ejemplo José Antonio Fortea, el más prestigioso exorcista que tiene la Iglesia en España. Otros tipos de religiones y sectores espirituales también tienen miembros dedicados a este tipo de labores.

Si organismos de tal calibre se preocupan de enseñar o preparar a miembros de sus instituciones en la lucha contra el maligno, el cual es capaz de poseer a las personas, es porque el fenómeno de la posesión existe, de eso no tenemos ninguna duda. Sólo dista un largo camino entre sus teorías, la médica y la espiritual, para explicar uno de los fenómenos más peligrosos dentro de la mente humana y el campo paranormal.

En el caso de que debáis enfrentaros a una situación de este tipo, mi consejo es claro, al primer profesional que hay que acudir es al médico, ya que se ha demostrado estadísticamente que la mayoría de los casos de posesión eran simplemente trastornos mentales del afectado, que tras una medicación acorde se han solucionado, aunque siempre tenemos ese mínimo de casos donde ni la medicina ni la ciencia han conseguido dar una explicación.

## FANTASMAS Y ESPECTROS

Dentro de los fenómenos paranormales, lo más común son los fantasmas y espectros, sin embargo son dos términos que pueden confundir a los menos eruditos en el tema, y que poco o nada tienen que ver entre ellos. Además la mayoría de los fenómenos paranormales se les atribuye popularmente a este tipo de seres, por eso creo necesario e imprescindible que expliquemos la diferencia entre ambos, y los patrones de comportamiento que los caracterizan.

La pregunta que nos planteamos es complicada de responder, pero vamos a intentar acercaros a su definición según las teorías que existen al respecto. Además conoceremos curiosidades sobre las características de los fantasmas y los patrones que existen en su comportamiento, aunque en muchas cuestiones son impredecibles.

La teoría más popular y valorada entre la sociedad sobre lo que es un fantasma es la que todos conocemos y que hace referencia al espíritu de una persona fallecida que se aparece en el mundo de los vivos. Según los expertos en parapsicología e investigación paranormal, existen diferentes tipos de fantasmas, o por lo menos de apariciones, por lo cual deberemos comenzar exponiendo la gran diferencia que existe entre lo que podemos considerar como un fantasma y un espectro, aunque para los menos eruditos en el tema ambos términos les puedan parecer iguales.

El fantasma se muestra inteligente, se percata de nuestro entorno e interactúa con él, incluso con nosotros mismos, además siempre viene a dejarnos algún tipo de comunicación. Se especula que el fantasma se manifiesta porque se ha dejado alguna cosa pendiente en la tierra, quiere darnos algún mensaje o necesita despedirse de algún ser querido. Como digo, son especulaciones sacadas de los miles de testimonios que se han ido recopilando a lo largo de los años. Lo que realmente necesitamos saber para diferenciarlo de un espectro es que precisamente el fantasma interactúa con nosotros y nuestro entorno, mientras que el espectro no lo hace.

El espectro sería una especie de holograma o película del pasado, que en un momento determinado se fusiona con nuestro mundo, haciendo siempre lo mismo. Es como si careciera de vida propia y estuviese en otro plano dimensional. La sensación que tenemos es que un trozo de película vieja se está reproduciendo en nuestro entorno en formato 3D. Además este tipo de apariciones no se percatan ni de nuestra presencia ni de nuestro entorno, parece que no es que el espectro se fusione en nuestro mundo sino que sea nuestro mundo el que se fusiona con el mundo espectral. Sin duda, estamos ante un apasionante juego de percepciones que nos hace vacilar en una realidad, en ocasiones demasiado incómoda.

Los fantasmas, como comentábamos más arriba, ejercen algunos patrones en común a la hora de manifestarse.

Teniendo en cuenta que existen diferentes tipos de fantasmas, vamos a ir conociéndolos a medida que expongamos sus patrones de comportamiento.

El primer tipo de fantasma es el que se suele manifestar siempre ante personas que conoce, bien sean familiares, amigos, vecinos o simplemente conocidos. Estos siempre se aparecen para dejar un mensaje a las personas de este mundo o bien despedirse de ellas. Una vez que dejan su mensaje desaparecen para no volver más —en muy pocas ocasiones se ha repetido una aparición de este tipo—. Al contrario ocurre con otro tipo de fantasmas, los cuales se manifiestan de forma repetitiva. Estos serían aquellos que se quedan vinculados a un lugar, normalmente a una casa, edificio o zona determinada, que para ellos en vida significó algo muy importante. No sabemos por qué, pero se niegan a marcharse de allí, y en ocasiones sus manifestaciones parecen invitarnos a abandonar el lugar, bien sea este una propiedad privada o un sitio abandonado.

Otro tipo de fantasmas dentro de los que acabamos de mencionar, son los que denomino personalmente como «fantasmas agresivos», que se manifiestan con extrema violencia y agresividad. Estas entidades fantasmales se comportan de forma agresiva por algún motivo que desconocemos. No suelen ser muy comunes, aunque una experiencia con ellos no se olvida en toda la vida. Supongo que el motivo de esa extrema violencia tardaremos tiempo en descubrirlo, ya que normalmente su forma de manifestarse hace que los investigadores se planteen no volver a indagar en ese tipo de lugares, lo cual dificulta en exceso el trabajo de investigación. Para otros, la sugestión se mezcla con los fenómenos y se pierde la objetividad, dificultando de la misma forma la labor de investigación. De todas formas, si tuviese que dar un origen a ese aparente enfado del fantasma agresivo, diría que quizá se encuentre en un estado de desesperación y su intención no sea hacernos daño, sino llamar nuestra atención por que se siente solo y perdido en un plano de existencia, entre la vida y la muerte. Sé que esta teoría es muy arriesgada, por eso lo dejo en una mera hipótesis a la cual llego, quizá especulando demasiado.

## Orbes y efectos lumínicos

Otros fenómenos que encontraremos en diferentes ocasiones durante nuestras investigaciones son los efectos lumínicos y las denominadas orbes. Estas últimas son para muchos investigadores y aficionados al misterio pruebas directas de la existencia del más allá, incluso hay quien se atreve a decir que son entidades o espíritus.

Esta teoría está basada prácticamente en férreas creencias, ya que nadie ha podido demostrar que estas aparentes anomalías sean algo paranormal, y mucho menos un ser o espíritu procedente del más allá.

Para el que no sepa qué son las orbes, las describiré, seguro que alguna vez habéis visto alguna en fotografías digitales. Son esas esferas opacas o lumínicas que parecen tener rostros o símbolos en su interior, las cuales suelen aparecer en suspensión en las fotografías, sobre todo en instantáneas tomadas de noche.

Los más escépticos aseguran que se tratan de simples motas de polvo en suspensión que, debido al reflejo del *flash,* resaltan y por eso se observan de esa forma tan espectacular. A pesar de esta teoría, los más crédulos la rebaten con una serie de preguntas que ponen en vilo a la parte más incrédula del fenómeno. Vamos a exponer las cuatro preguntas típicas que plantean los defensores de la teoría paranormal, y las respuestas que dan los detractores de esta teoría:

- *¿Por qué sólo se manifiestan de noche las orbes si son polvo?*
No es que sólo se manifiesten de noche, también hay orbes captadas en horarios diurnos, lo que ocurre es que utilizamos más el *flash* de la cámara cuando no hay luz, y es entonces cuando se produce el fenómeno que llamamos orbes. Nuestro *flash* se refleja en las motas de polvo en suspensión y aparece el efecto orbe.
- *¿Por qué aparecen rostros en su interior y símbolos?*
La composición del polvo al verse reflejada en el *flash* da simplemente esa sensación, es un efecto de pareidolia, como ocurre cuando miramos las nubes, que nos parece ver en ellas formas y dibujos.
- *¿Por qué hay orbes de color rojo, verde, amarillo, blanco, azul, etcétera?*
Eso ocurre en ocasiones, es cierto, y se produce porque el *flash* refleja en un fondo, posiblemente en una pared, u objeto cercano que hace de reflector o espejo, produciendo un rebote en la mota de polvo. Entonces, dependiendo del color de ese objeto de fondo, la orbe aparece de un color u otro. Es así de sencillo.
- *¿Por qué aparecen más en lugares de misterio?*
Porque normalmente esos lugares son sitios abandonados, y en esos lugares la cantidad de polvo y suciedad es mucho mayor.

Con respecto a esta disputa entre creyentes y detractores de la teoría paranormal, para definir el fenómeno de las orbes, os diré que en el Hospital del Tórax, me he encontrado con un lugar altamente cargado de orbes, donde incluso algunos fotógrafos de profesión se han llegado a sorprender, debido a la cantidad de manifestaciones de esferas que se captaban. Estoy hablando del viejo cine, el lugar con más polvo de los sesenta y seis mil metros cuadrados que tiene el edificio, lo cual me hace valorar como posible la teoría que dice que estas orbes son simples motas de polvo en suspensión, que una vez que el *flash* refleja en ellas, adoptan estas formas tan espectaculares. Sin embargo, también he de reconocer que en alguna ocasión he captado a plena luz solar y sin utilizar el *flash* este tipo de esferas, sobre todo en un caserón abandonado de Castellvell y Vilar, en la población de Barcelona.

¿Qué opináis al respecto? ¿Creéis que son motas de polvo o fantasmas?

En el próximo capítulo expondremos una serie de experimentos para que podáis sacar vuestras propias conclusiones, ahora vamos a seguir hablando de los efectos lumínicos, otro fenómeno que inquieta a los más avispados investigadores.

Nos enfrentaremos a la captación de extrañas fotografías, donde nos aparecerán luminarias o neblinas extrañas. La explicación mas trascendental habla también de entidades o fantasmas, mientras que la parte racional intenta explicar el fenómeno, una vez descartado el fraude, con incidencias naturales, bien sean ambientales o técnicas. Ocurriría lo mismo que con las orbes, aunque en estos casos, muchos de los que se muestran escépticos sobre esto aseguran que estas luminosidades y neblinas es cierto que en ocasiones no tienen una explicación racional. Considero que sólo los expertos en fotografía podrían aclararnos algo al respecto. Estoy seguro de que captaremos muchas fotografías que tendrán una explicación racional, aunque probablemente algunas otras no la tengan. Por lo tanto, lo primero que debemos hacer es experimentar por nosotros mismos para llegar a conclusiones, y después mandar analizar las fotografías extrañas a personas que profesionalmente se dediquen a esto, de esa forma nuestro criterio será siempre más objetivo.

## IMPREGNACIÓN ENERGÉTICA Y TERMOGÉNESIS

Dos de los fenómenos íntimamente ligados al misterio son las supuestas impregnaciones energéticas y la termogénesis, fenómenos dispares entre sí, pero igual de desconcertantes. Según los expertos en física, todo es energía, además esta ni se crea ni se destruye, sólo se transforma, lo cual hace pensar a investigadores y curiosos del ámbito paranormal que nuestra energía vital, al morir nuestro cuerpo físico, tiene que transformarse en otro tipo de energía. La duda que nos queda es si en ese proceso de transformación perdurará nuestra memoria e intelecto. De ser afirmativa la respuesta, ¿podríamos decir que el alma sobrevive a la muerte física? Si esta respuesta también fuese cierta, ¿podríamos decir que la impregnación energética sería un reflejo de nuestra alma vagando por el mundo de los vivos?

## Impregnación energética

Según la teoría de la impregnación, aquellos lugares donde el paso del tiempo ha dejado escenas cargadas de emociones extremas son en la actualidad escenarios de fenómenos paranormales. Esta teoría es muy interesante, ya que si analizamos lugares como el Hospital del Tórax, Cortijo Jurado, Belchite y muchos otros, nos damos cuenta de que en el pasado fueron zonas donde la carga emocional estuvo presente: situaciones de mucho dolor, sufrimiento y muerte. Se tiende a pensar que el dramatismo del pasado se refleja en el presente en forma de fenómenos extraños. Yo, después de muchas investigaciones, he llegado a nuevas conclusiones. No es el dramatismo en sí lo que impregna los lugares, si no las emociones, sean estas positivas o negativas. Por ejemplo, en Cataluña tenemos la antigua discoteca Gran Velvet, donde desde hace unos años que cayó en el abandono es escenario de rumorología de fenómenos paranormales. Se captan psicofonías, se ven sombras, se escuchan ruidos, es un lugar con actividad extraña, como pueden serlo escenarios tan populares como Belchite o el Cortijo Jurado. Sin embargo, parece ser que al no haber muertes detrás, sino impregnación positiva, debido a que el lugar era una sala de fiestas, carece de interés para cierto tipo de investigadores morbosos.

Tenemos que tener claro que posiblemente nuestras emociones, al desprenderse de nosotros mismos, lo hagan mediante una frecuencia o energía que impregna poco a poco el entorno donde nos encontramos, y que, con el paso del tiempo, igual que se pegó a esos muros por algún motivo que desconocemos, también se desimpregne y se volatilice de allí. Cuando se produce este efecto, el de la desimpregnación, es cuando se manifiestan los fenómenos paranormales. Esto es tan sólo una teoría, quizá descabellada, pero no por eso menos probable.

Otra cuestión que tenemos que tener en cuenta es que el ser humano muestra sus estados emocionales con mayor fuerza cuando la situación que vive es dramática, por ejemplo, el dolor, el sufrimiento y la muerte es lo que más afecta a las personas. Por ese motivo, es lógico pensar que existan más lugares cargados de impregnaciones negativas que positivas, pero eso no impide que existan también otros donde la mayor parte de la carga impregnada sea fruto de unos momentos de intensa alegría. Por lo tanto, podríamos resumir que los lugares, según esta teoría, se impregnan de emociones intensas, indiferentemente de si estas son positivas o negativas.

## Termogénesis

Los cambios bruscos en la temperatura ambiente y las variaciones extremas de humedad son los dos fenómenos básicamente que vendrían a definir la palabra termogénesis, aunque si nos ceñimos estrictamente a su nombre sólo nos servirá para la primera definición.

Cuando se produce una termogénesis, la temperatura tiende a descender de forma notable. Si hablamos desde el prisma paranormal siempre se ha comentado de forma popular que estos descensos de temperatura eran causados por fantasmas o entidades que necesitaban absorber energía de nuestro entorno para poder manifestarse, de ahí estas bajadas tan radicales de temperatura que en ocasiones se producen en las investigaciones.

Posiblemente esta teoría pueda tener sentido, quién sabe, lo que no lo tiene tanto es cuando nuestros termómetros y estaciones meteorológicas registran un cambio brusco de temperatura y nuestro cuerpo no lo percibe. He sido testigo de un cambio de veintiocho grados de temperatura en veinticinco minutos en el apeadero de la muerte, en Torrebonica, y ni mi cuerpo ni el de mi compañero José Ramírez han notado ninguna variación. ¿Qué ocurre entonces en estas situaciones? Pues al principio uno cree que el aparato se ha estropeado, pero cuando se da cuenta de que no, se empiezan a valorar otras posibilidades, sobre todo a raíz de presenciar nuevas situaciones de este tipo, y es que a lo mejor la causa paranormal es quien influye en el aparato, para jugar con nosotros o hacerse notar de alguna forma, quizá queriendo dejarnos muestras de su presencia.

Sin duda, curioso todo esto, pero aún es más desconcertante encontrarnos con aumentos de temperatura en vez de descensos. ¿Según la teoría popular las entidades absorben energía ambiente para manifestarse y por eso hay bajadas de temperatura? Si esto fuese cierto, ¿por qué en ocasiones la temperatura asciende? Considero que la respuesta es la misma que antes, la causa paranormal de algún modo nos somete a un extraño juego que no llegamos a comprender. Seguramente, sólo sea eso, una manipulación de nuestros aparatos, como cuando nos quedamos sin batería estando ésta recién cargada o nuestros equipos de captación comienza a emitir extraños fallos en determinadas zonas.

Debéis ser consintientes de que nos movemos en un terreno resbaladizo. Realmente desconocemos qué hay detrás de los fenómenos paranormales, por eso sólo podemos teorizar, aunque con el paso del tiempo y según vayáis realizando investigaciones, veréis que algunas de las teorías que irán naciendo de las propias experiencias serán fundamentales para seguir el camino en busca del verdadero origen de estos fenómenos.

## ECTOPLASMAS Y TELEPLASTIAS

Las palabras ectoplasma y teleplastia suelen ser confundidas por aquellas personas poco eruditas en el tema, que las asocian a fantasmas y presencias. Sin embargo, su definición es otra, que quizá poco o nada tenga que ver con un fantasma.

El ectoplasma es esa materia viscosa que brota de los orificios del médium, seguramente si les gusta el cine de misterio y fenómenos paranormales sepan a qué me refiero: es una materia babosa, que parece latir y estar viva, la cual emerge de boca, nariz y oídos del médium en determinadas ocasiones cuando este entra en trance.

Se comenta dentro de los círculos del misterio que se han llegado a realizar pruebas científicas y análisis de esta materia, incluso que han llegado a cortar un trozo para su posterior análisis y que el médium ha sufrido el dolor de ese corte. Es como si esa materia extraña que brota de su cuerpo formase parte de él, como una extraña y misteriosa extremidad más de su cuerpo.

La teleplastia nada tiene que ver con esto, ambos términos son como la noche y el día, a pesar de que se tienda a asociarlos y confundirlos en muchas ocasiones.

Una teleplastia es una formación sobre la materia, de un cuerpo de origen paranormal. Normalmente este cuerpo suele tener forma de rostro —las caras de Bélmez son las típicas teleplastias— de santos, vírgenes y otras formas definidas, en muchas ocasiones asociadas a la historia del lugar o las creencias populares. ¿Por qué surgen estas formaciones? Creo que esa pregunta nos la planteamos todos, y mejor que darles una respuesta teorizando nuevamente, ya que no tenemos una base sólida para poder afirmar nada, les pondré a modo de ejemplo un caso que investigué durante dos años en Terrassa, en el polideportivo Can Palet-Can Jofresa, un lugar en pleno funcionamiento donde propietarios, empleados y usuarios del complejo se vieron afectados por una teleplastia espectacular, y a raíz del suceso comenzaron a ocurrir violentos fenómenos. Con el tiempo descubrimos la posible causa de la teleplastia y los fenómenos. Vamos a conocer ya la historia y la investigación, juzguen por ustedes mismos.

## Teleplastia y fenómenos violentos en Terrassa

Todo comenzó el 18 de julio de 2008, cuando en el techo de uno de los vestuarios apareció una formación extraña, que según empleados y clientes tenía forma de cara, concretamente de hombre. Además era una formación perfectamente definida y con los rasgos bien marcados, una teleplastia en forma de rostro en toda regla, que fue la que abrió la brecha de una serie de fenómenos escalofriantes, los cuales llevaron a Juan y Ana, propietarios del bar del polideportivo, a comunicar el incidente a Sebastián, presidente de la junta directiva y conserje del mismo.

El vestuario número 9 se convertiría así, desde ese 18 de julio, en un lugar de interés general. Visitantes de toda la ciudad se acercaban para ser testigos del enigmático rostro, la noticia corrió como la pólvora, sobre todo en los barrios cercanos al complejo.

Lo que nadie podía imaginar ese caluroso día de julio era que comenzarían a sucederse fenómenos a las pocas horas de aparecer la teleplastia. Fenómenos como los que pudimos conocer de la mano de los responsables del centro, de los empleados y de algunos clientes que también fueron testigos de lo inexplicable.

131

Los ruidos, golpes y voces susurrantes son algo habitual, incluso varios años después, sobre todo para las personas que trabajan en el bar del polideportivo. Según uno de los camareros, Paco, han sido muchas las ocasiones en estos años en las que al acudir al almacén a por cajas o entrar en la zona de los vestuarios, ha escuchado ruidos, golpes y voces susurrantes que parecían desvanecerse, sin que haya conseguido encontrar el origen de los mismos, situaciones que según nos relataba, le habían provocado un miedo extremo en más de una ocasión.

Al día siguiente de aparecer el extraño inquilino en el vestuario número 9, ocurriría algo que puso en alerta a los propietarios del bar y a la junta directiva del complejo, suceso que dio paso a que intentaran buscar una solución al problema o por lo menos una explicación racional a todo lo que estaba ocurriendo. Fue entonces cuando los responsables del centro solicitaron nuestra presencia en el lugar. Ese día lo que ocurrió fue que una piscina prefabricada de varios miles de litros de agua se volcó sola sobre sí misma cuando se encontraba llena de agua y hacía escasamente unos segundos que los niños habían salido de la misma. Suceso que provocó el caos durante unos minutos entre las docenas de clientes que se encontraban en la terraza del bar, ya que en un primer instante creyeron que los niños estaban en el interior de la piscina. Además, ese mismo día durante varias horas desaparecieron unas llaves pertenecientes a un almacén del complejo, las cuales volvieron a aparecer de forma inexplicable en la zona de las piscinas, que se encontraba cerrada, ya que ese año, debido al incumplimiento de la normativa de gestión de piscinas no se pudo abrir al público.

Según las palabras del presidente de la junta directiva, Sebastián, y el propietario del bar, Juan, los fenómenos comienzan a producirse casualmente el año en el que se cierra la piscina al público, dato que les hace pensar en la posibilidad de que detrás del enigmático rostro y de los extremos fenómenos se halle una persona que murió hace poco, un señor mayor que se encontraba vinculado al complejo deportivo: el encargado de mantenimiento, la persona responsable del cuidado de la piscina. Según Sebastián, el polideportivo era como su casa, y los que lo regentaban como su familia, incluso en muchas ocasiones dormía y pasaba las noches en el complejo.

Para Juan, el rostro que se plasmó en el vestuario número 9 tiene mucha similitud con el de este hombre, José María, nombre que conseguimos

El autor del libro entrevistándose con los responsables del polideportivo de Terrassa donde apareció la teleplastia.

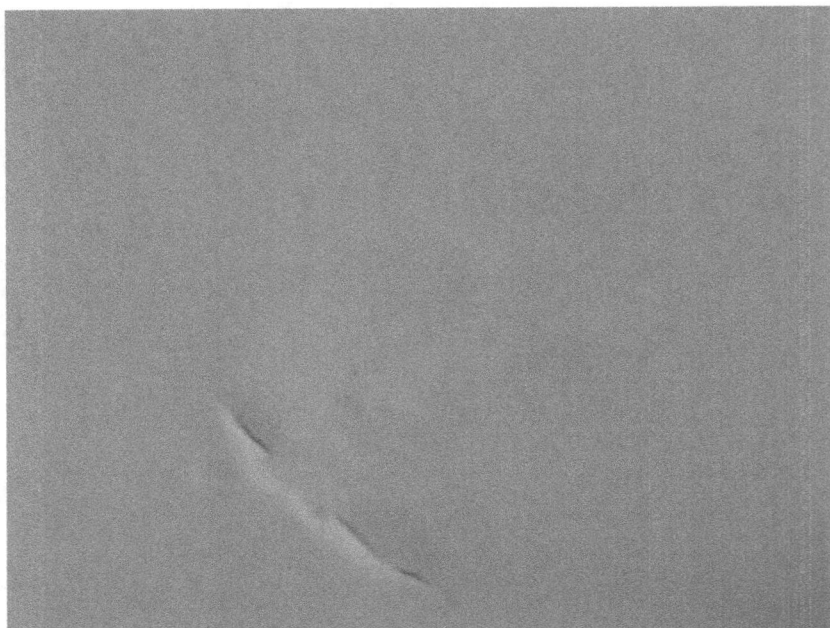

Fotografía original de la teleplastia que apareció en el polideportivo de Terrassa.

captar en una psicofonía mientras comentábamos esta hipótesis. Lo más curioso de todo es que nosotros desconocíamos en ese instante el nombre de dicha persona, sólo sabíamos que el antiguo piscinero había fallecido.

Otro de los sucesos que hacen pensar a Sebastián que los fenómenos pueden estar causados por este señor fallecido es que él, como presidente de la junta, fue quien decretó la clausura de la piscina en 2008 y, como supuesta represalia, en el vestuario número 1, donde se había duchado Sebastián, al día siguiente apareció la puerta reventada desde el interior, como si una gran fuerza sobrehumana la hubiese destrozado, hasta el punto de que estaba sacada del marco. Esa noche Sebastián fue el último en salir del complejo y al día siguiente el primero en entrar; según sus propias palabras allí no pudo adentrarse nadie, además las ventanas son de apenas veinte centímetros en el interior y con barrotes por la parte

134

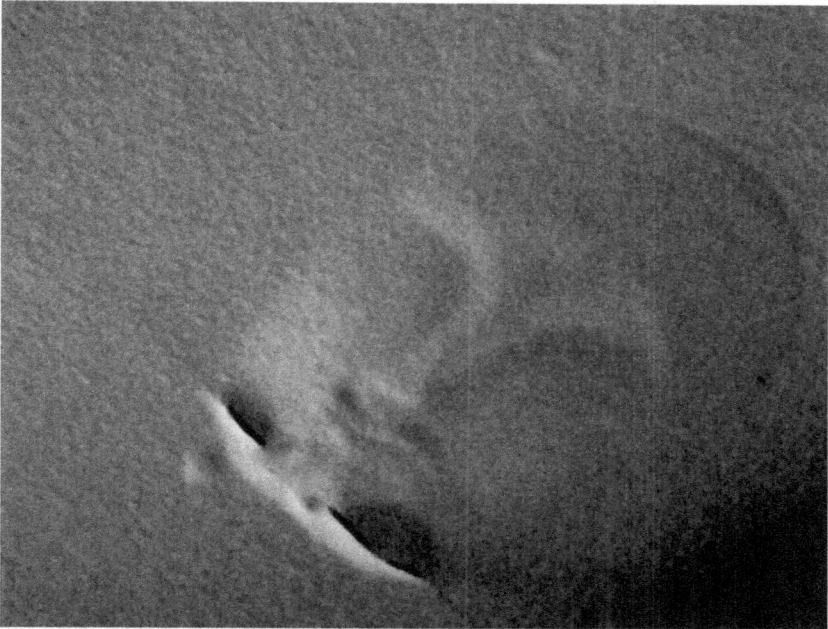

Fotografía filtrada de la teleplastia que apareció en el polideportivo de Terrassa.

exterior. Esa noche, según las palabras del propio presidente, lo que ocurrió allí fue algo espectacular y que considera un acto de odio hacia él, como repulsa a la clausura de la piscina.

También se han producido otro tipo de fenómenos como luces que se apagan y se encienden en horarios inapropiados, ya que el alumbrado del complejo funciona mediante un temporizador, el cual en determinadas ocasiones parece no hacer caso a su programa de horarios y cobra vida propia para desconcertar a empleados y clientes.

Varias noches las alarmas del centro han saltado sin que hubiese nadie en su interior, como captando extrañas presencias que nadie ve.

Se han captado voces psicofónicas también en diferentes ocasiones al igual que golpes y ruidos violentos que sólo podían escucharse al rebobinar las cintas grabadas, siendo inaudibles para el oído humano. Muchas de las voces captadas eran infantiles y con un dramatismo tan intenso y

135

fuera de lo común que nos llevaron a realizar una sesión de ouija para contactar con esa causa desconocida que no paraba de atormentar a los presentes.

Un niño de corta edad que falleció en un lugar ajeno al polideportivo fue la presencia que se manifestó en el tablero, o por lo menos eso decía la supuesta entidad. Solía visitar el complejo años atrás, lugar donde, según nos deletreaba en el tablero habían ocurrido cosas malas, las cuales le causaban tanto temor que era incapaz de volver a revivirlas contándolo.

Hoy en día en ese complejo se siguen manifestando fenómenos extraños, hasta el punto de que la junta directiva nos ha cedido una sala en la parte superior del recinto para que nos instalemos como grupo de investigación y podamos organizar nuestra reuniones, nuestros eventos y poder así seguir investigando el polideportivo, con la esperanza de que un día cercano cesen los fenómenos que llevan dos años atormentando al centro.

## Primera investigación de campo (domingo, 20 de julio de 2008)

Realizada junto al propietario del bar, Juan, el vicepresidente de la junta de vecinos el señor Reina y mi compañero Toni García.

En la investigación dejamos una grabadora digital en el vestuario grabando durante veinte minutos, junto con una cámara de vídeo que captaba en todo momento el perímetro interior, descartando que alguien pudiese entrar al lugar sin ser grabado.

Los resultados fueron varias psicofonías interesantes, que les comento a continuación.

- *CLARO QUE CHAOS:* Era la primera que registrábamos y creíamos que no tenía sentido, pero al investigar un poco supimos que la palabra *chaos* en ingles significa un estado de desorden, de lío, confusión, alboroto, etcétera.

  Además le hicimos un *revers* a la psicofonía y se escucha perfectamente un nombre y apellido «Dani Quesada». ¿Podría referirse a que un tal Dani Quesada estaba viviendo un *chaos*?

- *MIGUEL CÁLLATE:* en la segunda psicofonía aparecía mi nombre, alguien con voz amenazante me mandaba directamente callar. ¿Quizá no le gustaba mi presencia?
- *COGE AL NIÑO:* la tercera grabación que obtuvimos fue tremenda, de lo más espectacular que jamás me he encontrado, una voz que dice «coge al niño». Lo más sorprendente es que si le hacemos un *revers* se escucha: «no puedo». Posteriormente comprobamos que se habían captado varias psicofonías de niños que parecían estar perdidos o sufriendo. ¿Habría fallecido alguno por allí años atrás?
- *ME MUERO:* el siguiente registro ya nos dejó una voz infantil impactante que decía «me muero». Impresionante sin duda, sobre todo si la enlazamos a la anterior grabación.
- *MIGUEL:* una voz adulta y masculina decía nuevamente mi nombre, pero en esta ocasión sin ningún mensaje añadido.
- *MUERTE:* otra psicofonía captada fue la de una voz masculina y adulta, que nos dejó la palabra «muerte».
- *TO CARA:* en una grabación apareció algo extraño que decía «to cara». No sabemos si esa expresión va ligada a la cara que se observaba en el techo de los vestuarios del polideportivo o por lo contrario se debe todo al fruto de la casualidad.

Esa primera jornada nos había dejado grabaciones impresionantes donde habíamos aclarado nuestra principal duda: los fenómenos en el lugar existían realmente, ahora tocaba seguir investigando.

Segunda investigación (26 de julio de 2008)

Realizada junto a la propietaria Anna, una clienta suya, y nuestros compañeros Toni García y María.

El equipo que instalamos para la investigación en el vestuario donde estaba la cara en el techo fue el siguiente: un portátil con el cual grabamos psicofonías y analizamos el sonido, una grabadora digital de audio. A pesar de que llevamos varias grabadoras más sólo utilizamos la digital y el portátil para grabar psicofonías.

Utilizamos también una cámara de vídeo Sony y una cámara de fotos, un detector de movimiento y una estación meteorológica con un aparato externo para tomar mediciones ambientales desde varios puntos de la misma estancia a tiempo real.

Por último colocamos una brújula para ver si existía alguna alteración magnética terrestre.

Las mediciones ambientales fueron de lo más normal, en muy pocas ocasiones me había encontrado con que en todos y cada uno de los rincones de una estancia la temperatura y la humedad fuesen siempre exactos, sin variar apenas unas décimas de un lugar a otro.

La brújula también funcionó perfectamente sin detectar ninguna alteración de los campos magnéticos de la tierra y el detector de movimiento no nos alertó de ninguna presencia extraña.

Ni la cámara de vídeo ni la fotográfica captaron nada extraño durante toda la noche. Lo que sí nos llamó poderosamente la atención fue que durante un buen rato no conseguimos registrar ni una sola psicofonía. Fue cuando apagamos la cámara de vídeo cuando estas comenzaron a quedar registradas en nuestros equipos de grabación. Además tuvimos que trabajarnos bastante al fenómeno para que se manifestara, utilizando algunas técnicas personales a la hora de mostrar nuestra actitud hacia la causa paranormal. Comenzamos haciendo preguntas directas, claras y concisas, sobre la cara y los fenómenos que allí acontecían, pero al ver que no se obtenía nada fuimos cambiando el enfoque de las preguntas y nuestra actitud al expresarlas, hasta que al final dimos con la clave: mantener una conversación entre mi compañero Toni García y yo, diciendo que allí no había nada, que todo era mentira, que no existía ninguna causa paranormal, etc. La intención: provocar a la causa paranormal, lo que dio sus frutos. Al parecer nuestra actitud molestó al «fantasma» que estaba en ese lugar y fue cuando comenzamos a registrar inclusiones de tipo paranormal, dos de ellas nos decía claramente «déjame», la segunda recalcándolo bien, dejando espacios en la propia palabra «de… ja… me…».

Además se captaron otros registros, los cuales expongo a continuación.

- *NO TE ACERQUES:* Toni para provocar a la causa paranormal dice: «nos tienen miedo», y una voz muy clara dice: «no te acerques».

  Esta grabación es de las más claras que jamás hemos obtenido, de hecho, no la hemos hecho pública porque las malas lenguas dirían que es demasiado clara para ser una psicofonía. Ese día, estábamos presentes Toni, María, la propietaria del bar, una amiga suya, y yo, escuchando la parafonía in situ al rebobinar la grabación. Todos nos quedamos perplejos.

- *MÁRCHATE TÚ:* aprovechando un momento de silencio, entra una voz que nos dice de forma imperiosa que nos marchemos. Nosotros continuamos en el lugar plantando cara al misterio, cosa habitual en el grupo cuando sucede algo parecido.
- NO: la propietaria del bar quiso preguntar si había niños ahí, ya que en la primera investigación aparecieron varias voces infantiles, y una voz respondió de forma tajante: «no».

Sin duda el polideportivo era un lugar propicio para la captación de voces paranormales, por lo cual preparamos una tercera jornada de investigación, pero en esta ocasión a una distancia considerable, ahora entenderán por qué.

## Tercera investigación (14 de abril de 2009)

Me reuní con Toni García en un lugar que nada tenía que ver con el polideportivo para realizar una investigación de laboratorio, en la cual mantuvimos una conversación relacionada con el polideportivo, para ver si la causa paranormal era capaz de trasladarse al lugar donde estábamos y aportar datos importantes sobre el centro deportivo que estábamos investigando. Los resultados fueron sorprendentes y posiblemente clave para seguir el hilo de la investigación. Vamos a conocerlos.

- *SI ET DIC QUE SI:* comentaba Toni que si alguien hubiese entrado al polideportivo para romper la puerta del pasillo habría saltado la alarma, aunque habría que mirar si esa puerta estaba dentro del campo de registro de los sensores de movimiento, y en ese momento apareció una voz en catalán que decía: «sí, te digo que sí».
- *FUERA:* Mientras continuamos hablando de los detectores del recinto, apareció una voz que de forma imperiosa y amenazante nos echaba del lugar.
- *JOSÉ MARÍA:* Toni comentaba los rumores que había sobre un tal José que había fallecido hace poco, diciendo que ahora no todo

el mundo que muriera se iba a quedar allí retenido, ya que en el barrio se achacaban los fenómenos a muchas personas que acudían de forma regular por el polideportivo y que habían muerto en los últimos años.

En mitad de la conversación apareció una voz que decía «José María»

A los pocos días nos enteramos para sorpresa nuestra de que aquel José se llamaba José María, como la voz psicofónica había dicho mientras nosotros hablábamos de él sin saberlo.

- *PROTESTA:* Toni me explicaba que Sebastián pensaba que la cara y los fenómenos quizá se hubiesen manifestado como repulsa contra su persona, y al final de la frase apareció una manifestación de negación o protesta muy clara que decía algo así: «seeee», por parte de alguna causa desconocida que se manifestó en forma de ese extraño sonido.

- *PUTAS:* comentamos que la gente no esperaba ver una cara tan perfecta y todos salían asustados de allí, entonces yo le pregunté a Toni que si ya lo sabía todo el barrio. En ese instante Toni dijo que sí mientras una voz psicofónica se coló, diciendo «putas», como haciendo referencia a no sabemos quién.

- *VES:* mientras comentábamos que no necesariamente los fenómenos tienen que estar causados por alguien que haya muerto allí, se grabó lo que parece ser una voz interrelacionada, que dice: «ves», como afirmando nuestra teoría.

Después de tres jornadas de investigación, sólo nos quedaba por realizar un último experimento, una sesión de ouija, para ver qué ocurría.

### Sesión de ouija (septiembre de 2008)

Realizamos en el mes de septiembre una sesión de ouija en el polideportivo, estando presentes en la misma Toni García, Isaac Godoy, Sandra Márquez, María y un servidor (Miguel Ángel Segura) en la cual nos salió supuestamente un niño de corta edad que no nos facilitó demasiados datos, sólo nos dijo que murió en otro lugar que no era el polideportivo pero que lo había frecuentado y que había una historia oculta relacionada con él y con otros niños en ese sitio donde estábamos, algo que jamás hemos podido comprobar.

La sesión de ouija resultó ser lo más decepcionante de toda la investigación, sobre todo por no poder comprobar los datos.

A modo de reflexión, después de conocer esta historia que define perfectamente lo que es una teleplastia, ¿cuáles son sus conclusiones?

Yo no lo tengo claro, pero de tener que dar una teoría al respecto, les diría que posiblemente, en este caso concreto, la teleplastia es un método o técnica de la causa paranormal, para hacerse notar y llamar nuestra atención.

## ALTERACIÓN Y MAL FUNCIONAMIENTO DE NUESTRA TECNOLOGÍA

Suelen ser demasiado frecuentes y preocupantes las alteraciones y el mal funcionamiento de nuestros aparatos, por eso he llegado a una hipótesis que he denominado «el alimento de los fantasmas», la cual podría explicar por qué ocurre esto. Vamos a conocerla.

El estudio de la parapsicología y los fenómenos supuestamente sin explicación, que se encuentran ubicados dentro del término que popularmente se conoce como «fenomenología paranormal» ha demostrado que los fenómenos que se suelen manifestar son repetitivos, indistintamente del lugar donde estos se manifiesten, es decir, que una aparición, tanto fantasmal como espectral, se puede dar en diferentes lugares, y de hecho se da, sin que estos tengan relación entre sí, es decir, que podemos presenciar una aparición tanto en una casa de una localidad del sur, como en un jardín de un pueblo del norte, sin que la historia del lugar sea ni siquiera similar.

Aunque, todo hay que decirlo, existen determinados lugares donde los fenómenos que acontecen son prácticamente un calco. Estos lugares, por norma general, sí suelen arrastrar una historia bastante típica, y es que la muerte, la tragedia y el sufrimiento extremo estuvieron presentes en ese lugar años atrás.

Sombras, ruidos inexplicables, psicofonías y sensaciones extrañas son algunos de los fenómenos más comunes que se suelen dar en los lugares que conocemos como embrujados o encantados. Sin

141

embargo, y siempre según los expertos en esta materia, las entidades necesitan alimentarse de energía para poder manifestarse, de ahí que uno de los fenómenos por excelencia más comunes en ese tipo de lugares sea la descarga de baterías o que se produzcan anomalías en nuestros aparatos electrónicos. Personalmente, a mí me gusta llamar a las entidades simple y llanamente «inteligencias», ya que no sé si son seres o simples conciencias inmateriales, las cuales se mueven a través de la intención. Sinesio Darnell registró una psicofonía que respondía a su pregunta sobre qué eran estas voces o de qué estaban compuestas: «antimateria».

Ante esta cuestión me he planteado muchas incógnitas, muchas reflexiones y un sinfín de preguntas que creo haber resuelto, con la colaboración de dos de mis grandes amigos dentro del misterio, Fran Recio y Francisco, a los cuales he avasallado a preguntas, pidiéndoles sus puntos de vista sobre por qué se producen las descargas de baterías y de qué forma.

### Tipos de anomalías y absorciones inexplicables de energía

Para realizar un estudio sobre este fenómeno lo principal es valorar el comportamiento de nuestros aparatos electrónicos y nuestras baterías a lo largo de estos años dentro de los lugares que hemos visitado y en los que se ha podido corroborar una actividad paranormal.

En el Hospital del Tórax de Terrassa, uno de los primeros fenómenos de absorción de batería fue en la casa del palomar, donde vivía el sacerdote de la capilla años atrás. El fenómeno que sufrí en dos ocasiones allí fue que las pilas nuevas recién compradas en la gasolinera se descargaron por completo sin sacarlas del paquete.

Esto me sucedió en dos ocasiones: fue poner las pilas nuevas y no funcionaban, estaban agotadas, así que al ser el paquete de cuatro pilas, coloqué las otras dos nuevas en la cámara y tampoco funcionaban. Esto mismo me volvió a suceder a los pocos días cuando volví al lugar.

En otras ocasiones, tanto en ese mismo entorno del hospital como otros muchos enclaves que hemos visitados, nos han ocurrido situaciones similares, y es que las baterías nuevas que teníamos de reserva al ponerlas en nuestros aparatos han tenido una duración muy inferior a la habitual, por ejemplo la cámara de Fran Recio en la capilla del Hospital del Tórax sólo funcionó unos segundos. Después de realizar cinco fotografías se agotó por completo, cuando, según el propio Fran, esas baterías aguantaban para realizar más de doscientas fotografías.

También en ese lugar, Javier Aguilera sufrió en mi compañía otro enigmático y misterioso suceso con su cámara fotográfica, mientras que la mía funcionaba correctamente. Porque esa es otra cuestión, casi nunca fallan todas las baterías, sólo una o máximo dos son las que sufren este tipo de descargas inexplicables, aunque más adelante veremos que en ocasiones sí se han llegado a descargar todas, incluso las de un equipo entero de rodaje cinematográfico.

Javier Aguilera se encontraba en el interior de la capilla cuando Raquel nos alertó de que la cámara no funcionaba, se habían agotado las pilas, así que le dije que viniese donde estaba yo con la mochila, y le daría pilas nuevas, pero al desplazarse unos centímetros del lugar donde Raquel se encontraba, la cámara volvió a funcionar y a recuperar la energía de la batería como por arte de magia, lo cual nos dejó estupefactos. Pero la historia no termina ahí, al llegar a mi lado la cámara volvió a dejar de funcionar, y es que ese día, en esos instantes, en el interior de la capilla había lugares donde algo inexplicable absorbía la energía de la batería de la cámara de Javier y Raquel, mientras que la mía funcionaba perfectamente.

A Julio Puyo, miembro de la SEAMP, le ocurrió exactamente lo mismo en el pueblo viejo de Belchite, pero en esta ocasión la absorción se producía en todo el territorio que abarca el interior de la Iglesia de San Agustín, hasta el punto de que el obturador de la cámara se quedó abierto en el interior de la iglesia mientras la batería se agotó.

Al salir de la iglesia los compañeros escucharon un sonido extraño que provenía de la mochila de Julio; al abrirla, la sorpresa fue mayúscula, la cámara había vuelto a recuperar la batería y el sonido que habían escuchado era el del obturador cerrándose.

Este mismo fenómeno se ha dado con una grabadora de *minidisc* que tiene Fran Recio, que se quedaba sin batería cada vez que se colocaba encima de un punto determinado, volviendo a recuperar la batería completa aparentemente al desplazarse varios centímetros del lugar.

Las baterías de las cámaras de vídeo también han sufrido diferentes anomalías relacionadas con la descarga de las baterías, igual que las linternas o los focos que se utilizan en este tipo de lugares para investigar. La única diferencia, y todos lo que hayan experimentado el fenómeno coincidirán conmigo, es que ni las baterías de las cámaras de vídeo ni las linternas se recuperan nunca, es decir, si sufren una absorción de batería, la pierden y no la vuelven a recuperar como ocurre en ocasiones con las cámaras fotográficas, las cuales llegan a recuperarse integramente en apariencia, aunque después uno se da cuenta de que la duración en realidad es inferior a la normal, por mucho que el indicador de batería nos marque al encenderla que está al máximo de carga.

Tampoco se libran de sufrir inconvenientes de este tipo, en lugares encantados, las grandes productoras de cine o los programas de televisión, si no que se lo pregunten a los miembros de la película *Mundo perro,* que sufrieron una descarga de todas las baterías que llevaban al rodaje. Como anécdota puedo decir que algunos integrantes del equipo de este rodaje entraron al lugar de grabación diciendo que todo lo que se explicaba de ese hospital sobre fenómenos paranormales era mentira, que ellos no creían en fantasmas. Instantes después, todas las baterías se vaciaron sin explicación aparente. ¿Creerán ahora en fantasmas? O que se lo pregunten a Barcelona TV, cuando fue a grabar un reportaje a uno de estos lugares, donde también las baterías sufrieron diversidad de anomalías, y qué decir del programa *Cuarto milenio*, que también fue testigo de anomalías en la batería del micrófono de la cámara de vídeo o la cámara fotográfica del reportero Juan Jesús Vallejo, que no funcionaba en el interior de la capilla, pero sin embargo fuera de esa estancia funcionaba perfectamente.

La causa paranormal no sólo utiliza la energía de nuestras baterías para manifestarse, sino que se alimenta de ellas para subsistir

Mi pregunta ante este tipo de situaciones de lo más inverosímil era obvia ¿Por qué ocurre esto? Lo cierto es que la teoría que voy a plantear a continuación está fundada en un largo análisis y una profunda reflexión después de analizar todos y cada uno de estos fenómenos de forma independiente.

Mi teoría viene a decir que la causa paranormal no sólo absorbe la energía de nuestras baterías para poder manifestarse, hecho que también ocurre y está probado desde hace años. Además, la causa paranormal se alimentaría de esa energía para subsistir, igual que el ser humano ingiere alimentos; la causa extraordinaria ingiere diferentes tipos de energía para alimentarse y seguir activa.

Tenemos que tener en cuenta que en muchas ocasiones sufrimos descarga de baterías en ese tipo de lugares sin presenciar fenómenos extraordinarios o incluso notamos un cansancio extremo, como si nuestra energía se consumiera de forma inexplicable, sin que lo paranormal aparentemente se manifieste.

La causa paranormal, dependiendo de su fuerza y potencia, se alimenta en mayor o menor medida de la energía de nuestros aparatos, por eso en ocasiones nos quedamos sin batería o la duración de estas es bastante inferior a la normal. Además, en ocasiones el investigador se siente mareado, cansado y fatigado, y es porque en esos casos la causa paranormal es capaz de «chuparnos» la energía vital. El campo donde se instala la causa paranormal es el lugar donde se manifiesta: una habitación, una casa entera, un pueblo, etc. Por ejemplo, cuando sufrimos sólo absorción de energía en un punto concreto de veinte centímetros cuadrados, como ocurrió en el caso del *minidisc* de Fran Recio, la causa paranormal de ese lugar no era muy potente comparada con la que estaba ubicada en la Iglesia de San Agustín de Belchite, cuando Julio sufrió la descarga de su cámara fotográfica, ya que abarcaba todo un recinto entero de cien metros cuadrados, o como en esas ocasiones en que la cámara fotográfica del amigo de Francisco no funcionaba dentro de los sesenta y seis mil metros cuadrados de edificio que constituyen el Hospital del Tórax, teniendo que salir fuera y alejarse varios metros del edificio para que la cámara volviera a funcionar correctamente.

En esos casos en los que nos encontramos con determinados puntos pequeños dentro de una estancia, como lo ocurrido a Javier Aguilera y Raquel, donde se produce esta absorción energética, es porque existen varias causas paranormales ubicadas en ese lugar, las cuales se dedican a absorber la energía de nuestras baterías. La causa por norma general se encuentra en determinadas zonas, permaneciendo estática, siendo nuestro paso por el lugar lo que activa que «ellos» comiencen a alimentarse de

145

nuestras baterías, y al salir de la estancia o del lugar donde están ubicados en esos instantes, nuestras baterías vuelven a funcionar correctamente, recuperando así la energía, por lo menos en parte, a no ser, claro está, que hayamos estado mucho tiempo en ese lugar o que la fuente que absorbe nuestra energía sea de grandes dimensiones y termine consumiendo nuestra batería hasta agotarla del todo.

*Recuerda que esto es sólo una hipótesis a la cual ha llegado el autor del libro mediante sus experiencias. Intenta llegar a las tuyas propias.*

# Capítulo 5

# Investigación, experimentos y consejos

Nos adentramos en la parte del libro a la que seguramente estaréis deseando llegar. Vamos a hablar de investigación, experimentos y consejos para que empecéis a investigar vosotros mismos, aunque al final del libro encontraréis un test de simulación en el que debéis responder a preguntas básicas sobre situaciones que podéis encontrar en una investigación paranormal. Si lo superáis, habréis entendido la esencia de este manual, pero antes vamos a conocer este capítulo.

## LA IMPORTANCIA DEL INVESTIGADOR

En capítulos anteriores comentábamos que era más importante el investigador que los aparatos de registro, ya que la causa paranormal parece no tener problemas para adaptarse a nuestra tecnología a la hora de manifestarse.

Del investigador depende en un porcentaje elevado que las investigaciones sean fructíferas o no. Hablo a nivel general, ya que no siempre podremos captar fenómenos paranormales. La causa que se manifiesta es caprichosa, lo hace a su antojo. Aun así, existen unos patrones de conducta que si los aplicamos debidamente hacen que ese porcentaje de posibilidades de captación de fenómenos aumente de una forma considerable. Para ello podemos probar un número determinado de veces ejerciendo lo que vamos a explicar y otro número idéntico sin llevarlo a cabo. Luego valoren y saquen sus conclusiones, es así de sencillo saber si esta teoría es correcta o no, yo la he aplicado en numerosas ocasiones, tantas que para mí ya no es una teoría, sino un hecho real.

Lo primero de todo es que el investigador se aleje del miedo, si el lugar le causa temor o sugestión es que todavía no está preparado del todo, por eso debemos ir experimentando sin prisa, nuestros primeros pasos deben ser con el objetivo de quitarnos el miedo y la sugestión, a la vez que nos vamos familiarizando con el tema paranormal.

Es importante también tener una buena preparación psicológica, que nos haga fuertes y evite de esa forma que podamos desarrollar problemas mentales debido a situaciones extremas del momento. Para conseguir este equilibrio psicológico, es importante que vayamos paso a paso, que empecemos por leer, escuchar o ver programas de misterio, por experimentar en lugares sin carga paranormal y a plena luz del día, para poco a poco ir evolucionando en estos aspectos, para que cada paso que demos sea porque hemos conseguido superar los miedos y sugestiones en el peldaño anterior.

También es importante que tengamos los pies en la tierra, que dejemos nuestras creencias a un lado, que seamos desconfiados ante la causa paranormal, ya que como venimos repitiendo en el libro, no sabemos quién hay al otro lado, ni qué intenciones tiene.

Una vez que aprendamos a superar nuestros miedos, a ser fuertes psicológicamente y a separarnos de nuestras creencias, podremos decir que es la hora de ponernos a prueba ante una investigación de verdad. Para ello deberemos formar un grupo de investigación, así que lo primero que deberemos hacer es seleccionar a las personas que queremos que lo formen. Lo ideal es que sean personas no sugestionables, que crean en lo paranormal, pero que no se dejen llevar por sus creencias.

También es importante que confíen en ti, y que tú confíes en ellos, que exista una complicidad y una buena relación, que todos compartáis el mismo interés. Se ha comprobado que aquellos grupos donde nacen rencillas internas o rivalidades no son propicios para obtener resultados positivos en este tipo de investigaciones. Quizá parezca no tener mucho sentido, pero les aseguro que es una realidad abrumadora.

Una vez seleccionado el equipo físico de personas con los que vamos a realizar la investigación, tenemos como primer objetivo documentarnos sobre el lugar que queremos investigar, acudir a hemerotecas, archivos y documentación histórica para saber todo lo posible sobre el escenario que tendremos delante. También es importante entrevistarse con personas vinculadas al lugar, antiguos propietarios, inquilinos, trabajadores, historiadores y personas que tengan alguna relación directa con el lugar o puedan conocerlo bien.

Una vez documentados todo lo posible, deberemos buscar testigos del caso de actividad paranormal del que tengamos constancia, ya que sus experiencias nos aportarán una primera línea de investigación. Entre los fenómenos y la historia podemos empezar a tirar del hilo en busca de respuestas. En algunos casos intuiremos desde el principio que los fenómenos pueden estar ligados al pasado del lugar, o quizá a las personas que tienen relación con él.

Una vez documentados, con testimonios en nuestro poder y con el grupo de investigadores a nuestra espalda, podemos adentrarnos en la parte más emocionante de la investigación paranormal, la denominada investigación de campo. Para ello, antes de nada debemos acudir al terreno que vamos a investigar para conocerlo, analizarlo bien y evitar así posibles accidentes, anotaremos en nuestro cuaderno de campo todo aquello que consideremos relevante y que pueda ser importante en la investigación, por ejemplo: «En la planta segunda hay un agujero en el suelo, al subir la escalera», «por el sótano pasan las viejas tuberías del agua y provocan ruidos extraños», «en las habitaciones de la planta 3 el techo está en malas condiciones».

Una vez anotados todos los puntos que queremos recordar, se estudiará entre los integrantes del grupo la estrategia de investigación, estructurando un croquis de orientación, el cual no deberemos seguir al pie de la letra, pero sí nos orientará para comenzar la investigación. Evitaremos además investigar en zonas de riesgo, como habitáculos donde haya agujeros, el suelo o techo esté en malas condiciones, etc. Lo principal, antes que la investigación, es nuestra integridad física, evitar accidentes y situaciones desagradables.

Una vez ubicados en el lugar de trabajo, comenzaremos la investigación. Como responsables del grupo deberemos mostrarnos seguros, serios, con objetividad, y contagiar con nuestro carisma al resto de miembros con esa empatía que debemos mostrar en todo momento. Deben vernos como un líder en quien confiar.

Una vez que haya comenzado la investigación, aplicaremos todo lo que hemos aprendido en este manual, teniendo algo muy claro, que ante el mínimo problema de sugestión, accidente o situación que consideremos que se nos puede escapar de las manos abortaremos la investigación. La responsabilidad del grupo es nuestra, a pesar de que cada uno sea mayor de edad y haya venido libremente, nuestra ética moral, como cabeza de grupo, debe estar por encima de cualquier cosa y situación, nunca olvidéis esto. Un buen investigador es principalmente alguien prudente y con mucho sentido común.

En cuanto a comportamiento se refiere, debemos extremar las medidas de seguridad —en el próximo apartado conoceremos algunos métodos— para evitar que situaciones de nuestro entorno nos confundan con sucesos paranormales, aunque hay personas que tienden a confundir las medidas de seguridad con el comportamiento antinatural. No por evitar una carcajada, un estornudo o hacer una pregunta tonta, infringiremos las medidas de seguridad. Hay que mostrarse siempre naturales y espontáneos dentro de una lógica. Lo que no vamos hacer es empezar a correr y gritar por el recinto, pero si se nos ocurre una pregunta graciosa o tenemos ganas de soltar una carcajada, adelante: hagámoslo. No pasa nada, eso nos ayudará a estar más cómodos y evitar sugestiones y miedos, que no sea un problema expresarnos libremente, es incluso positivo que nos mostremos como si estuviéramos ante un grupo de amigos, considerando a la causa paranormal como si fuese un miembro más del grupo, esa intimidad con el fenómeno hará que se cree una complicidad que seguramente nos aporte resultados espectaculares, ya que la causa paranormal también puede llegar a sentirse parte de nosotros, como un integrante más.

Ahora vamos a conocer algunos trucos para poder montar un buen perímetro de seguridad.

## Perímetros de seguridad

Para crear un perímetro de seguridad que nos aporte tanto seguridad física como fiabilidad en la investigación, lo primero que tenemos que hacer es estudiar nuestro entorno y buscar una zona donde el riesgo de accidentes y desprendimientos sea prácticamente nula. Una vez tengamos decidida qué zona queremos controlar, tenemos varias formas de crear el perímetro de forma muy sencilla, las cuales vamos a conocer a continuación.

### Detectores de presencias

La principal es colocando detectores de movimiento en las entradas y salidas de la zona, de esa forma sabremos que si alguien se adentra en nuestra zona de seguridad la alarma del detector por donde haya entrado saltará.

Este método sencillo y barato podemos incluso mejorarlo si disponemos de videocámaras. Las colocamos sobre un trípode, grabando el sensor de movimiento y el ángulo que este controla. De esta forma además de servirnos como una medida preventiva en cuanto a seguridad se refiere, también estaremos realizando un experimento, ya que en determinadas ocasiones estos sensores saltan sin causa aparente en lugares donde suceden fenómenos paranormales, así pues, al revisar la grabación sabremos si el aparato comenzó a sonar debido a una presencia física o por algo supuestamente paranormal e invisible a nuestros ojos.

### Polvos de talco

Otra técnica menos utilizada, pero muy eficaz, es la de espolvorear polvos de talco en las entradas y accesos a nuestra zona de seguridad en una distancia de un metro o metro y medio, espacio suficiente para saber que si alguien se adentra en la zona, veremos sus huellas en el talco. Este sistema es mucho más económico que llenar todo nuestro entorno de sensores de movimiento, aunque tiene un pequeño inconveniente, que no sabremos en qué instante entró el sujeto en el perímetro de seguridad, por lo que tenemos que estar atentos y al primer ruido, voz o manifestación que interpretemos fuera de los parámetros normales, deberemos revisar los accesos para ver si alguien pisó los polvos que esparcimos. Es un método algo más complicado, pero también puede ser más eficaz, ya que en mitad de la noche será difícil que el intruso se percate de haber pisado los polvos de talco y detectaremos así que

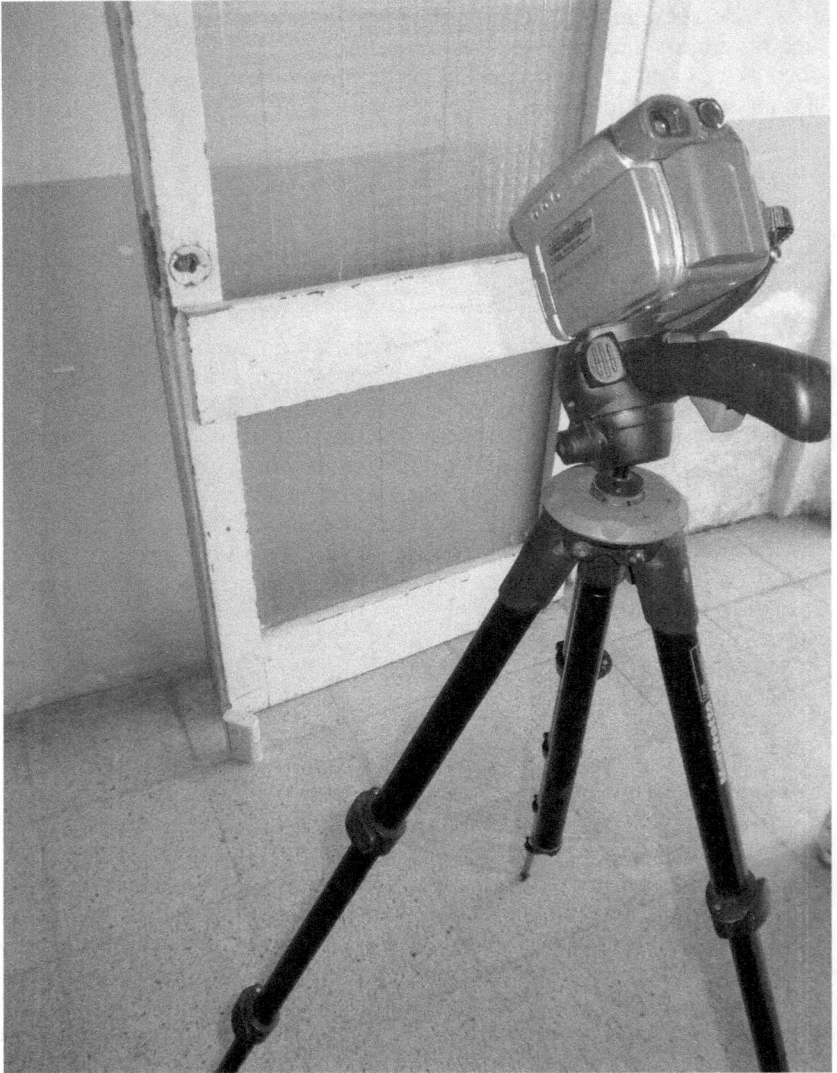

Sensor de movimiento controlando entrada y cámara de vídeo registrando el acceso.

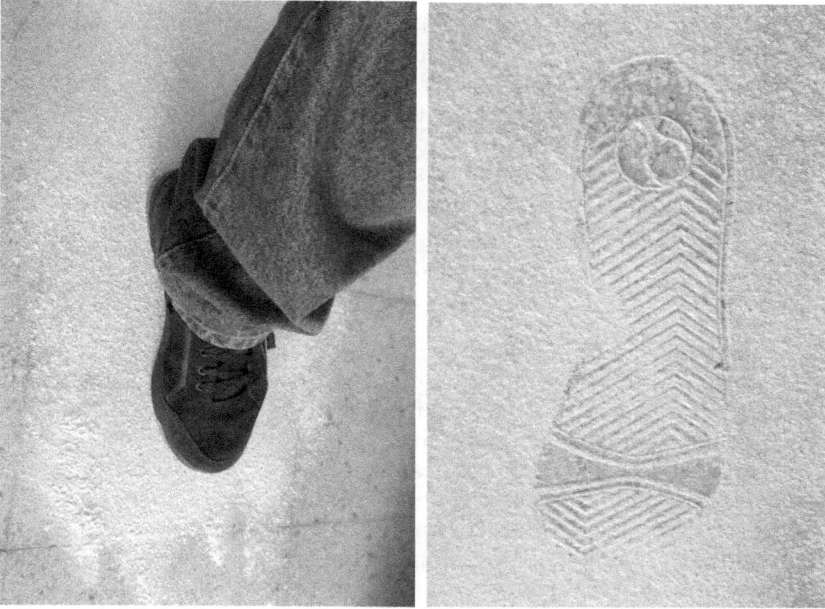

A la izquierda, muestra del espolvoreado de los polvos de talco.
A la derecha, huella en un experimento de polvo de talco.

ha caído en nuestra «trampa», mientras que un sensor de movimiento puede alertar de nuestra presencia, y puede intentar sortearlo de alguna manera para someternos al engaño y la confusión.

## Bolsas de aire y periódicos

Existen algunas técnicas como colocar periódicos con bolsas de aire debajo, pero su uso es mucho menos común, ya que sólo nos servirán en distancias muy cortas.

Se trata de poner bolsas de embalaje de aire, de las que se utilizan para proteger productos delicados y encima, para ocultarlas, colocamos hojas de periódicos, como si estuviesen tiradas en ese lugar. El efecto que produce esto es que cuando alguien pisa los periódicos, estas

153

bolsas de aire explotan y generan un ruido que nos permite saber que alguien está dentro de nuestro perímetro de seguridad.

Esta técnica en determinados espacios pequeños puede irnos muy bien, además es curioso, porque en ocasiones cuando grabamos el experimento con cámaras de vídeo podemos llegar a escuchar en nuestra videocámara el sonido de pisadas, sin que nada ni nadie esté pasando por delante, por lo tanto nos servirá también a modo experimental, como el resto de perímetros de seguridad que vayamos creando.

## Azúcar

También para distancias muy cortas y en lugares cerrados, concretamente pisos, oficinas, empresas, etc. En zonas habitadas, en horarios donde no haya nadie, podemos usar esta técnica, ya que al reinar el silencio, podemos escuchar cualquier sutil ruido.

Se trata de espolvorear azúcar en el suelo. Siendo cristal, como todos ustedes sabrán, al pisar la zona azucarada se producirá un sonido muy característico que nos permitirá saber que alguien está en ese lugar concreto, aunque en ocasiones puede ocurrir como con las otras técnicas, que además de servirnos como protección nos valga como experimento paranormal.

Además de estas técnicas, podemos utilizar cualquiera que se nos ocurra y consideremos que puede sernos útil; la imaginación del investigador tiene que estar siempre activa, innovando, ya que si nos estancamos en lo que ya sabemos difícilmente podremos avanzar en esto de la investigación paranormal.

## PERSONAS NO APTAS PARA INVESTIGAR

No todo el mundo es apto para investigar este tipo de fenómenos, ni siquiera después de conocer los peligros que existen con respecto a estos temas ni las medidas de seguridad que se deben tomar. Hay personas tan aferradas a sus creencias, su forma de vida y su manera de ser que es casi imposible que salgan impunes de una investigación paranormal, tienen muchas papeletas para que se lleven el premio del fracaso, y no me refiero a la captación de fenómenos precisamente.

Vamos a catalogar los diferentes tipos de personas que no serían aptos para realizar este tipo de investigaciones, aunque esto es sólo un consejo, una recomendación; cada uno es libre de hacer lo que le plazca, ya que aquí nadie posee la verdad absoluta.

## Niños y adolescentes

Si tenemos en cuenta que para realizar investigaciones paranormales debemos tener una personalidad fuerte, los niños y adolescentes quedarían descartados los primeros, ya que su personalidad aún no está formada, además estadísticamente suelen ser los que más sufren las consecuencias de experiencias desafortunadas en relación a estos temas. Son más sensibles y propensos a sufrir alteraciones psicológicas y emocionales, lo que amplifica en un porcentaje muy elevado las posibilidades de que padezcan traumas importantes si experimentan con los fenómenos paranormales. Por no decir que además están contaminados por las leyendas y mentiras que nos suele mostrar el cine en relación a estos temas.

## Enfermos mentales

Cualquier persona que tenga algún tipo de enfermedad mental, bien sea un discapacitado, un depresivo, alguien emocionalmente inestable, una persona bipolar, etc., no es apta tampoco para realizar este tipo de investigaciones. Tenemos que tener en cuenta que la causa paranormal juega con nuestros miedos, traumas, ilusiones, esperanzas, problemas, enfermedades y con todo aquello que nos pueda afectar y perjudicar a nivel psicológico. Si una persona de este tipo experimenta con lo paranormal, seguramente tendrá problemas muy serios, por tanto, es mejor que no lo haga y se mantenga alejado de este tipo de situaciones.

## Personas afectadas emocionalmente

Todas aquellas personas que estén pasando por un momento delicado en sus vidas, como cuando fallece un ser cercano, nos enfrentamos a una enfermedad o la de un ser querido, en una separación sentimental, si sufrimos problemas laborales que nos llevan a desequilibrios emocionales, etc., es recomendable que tampoco realicemos

Hay personas tan aferradas a sus creencias, su forma de vida y su manera de ser que es casi imposible que salgan impunes de una investigación paranormal.

investigaciones paranormales, por lo menos hasta que desaparezcan los problemas. La causa paranormal seguramente los utilizará para intentar perjudicarnos, ya que su mayor arma es atacarnos mental y psicológicamente, sobre todo en comunicaciones mediante ouija y otro tipo de manifestaciones a través de la comunicación directa.

## Religiosos

Seguramente, si le preguntamos a cualquier persona religiosa sobre quién cree que está detrás de los fenómenos paranormales, nos dirá que el demonio, el cual se hace pasar por familiares o entidades fallecidas para confundirnos y controlarnos, incluso en ocasiones intentar poseernos.

Yo veo esta teoría «religiosa» una auténtica barbaridad, pero si piensas así lo respeto, aunque no lo comparta. Lo que sí te diría es que no practiques ni experimentes jamás con el mundo paranormal, ya que seguramente tendrás problemas muy serios, no sé si de posesión, pero de entrada tienes muchas posibilidades para ello, sobre todo si la teoría de autosugestión fuese cierta para definir el origen de las posesiones.

## Creyentes espirituales

Otro tipo de creencias perjudiciales para la investigación paranormal son las que tan de moda se han puesto en los últimos años: las espirituales, la nueva era, la energía universal, la conciencia cósmica, etcétera.

Este tipo de personas da por hecho que detrás de los fenómenos paranormales están los espíritus del bajo astral, seres malignos que en vida fueron asesinos, violadores, drogadictos, etc., y que nos absorben la energía, afectando así a nuestra vida diaria, causándonos una serie de problemas continuos. Por lo tanto, si creen esto sin ni siquiera valorar otras opciones, es mejor que no realicen prácticas paranormales, para evitar situaciones desagradables.

## Personas con miedo e influenciables

Por último, recomiendo a las personas que tengan un miedo excesivo a estos temas que no se embarquen en la investigación hasta superarlo, como comentábamos en apartados anteriores.

Los que no deberían investigar tampoco son aquellas personas influenciables, ya que correrán el riesgo de dejarse llevar por la causa paranormal y caer en sus garras, algo que seguramente jamás olvidarían, ya que en esas situaciones las experiencias suelen ser muy desagradables. Aun así, como sabemos que muchas personas que no dan el perfil como aptas para investigar lo van a hacer igual, les recomendamos que por lo menos sean muy prudentes y, sobre todo, lo hagan siempre con alguien que dé el perfil para poder investigar y sea responsable.

¿Se considera una persona preparada para investigar? Pues vamos a ello, nos adentramos ya en algunos de los experimentos que podemos realizar.

## EXPERIMENTOS DE PSICOFONÍAS

¿Dispuestos a experimentar con el mundo de las voces paranormales? Pues poned a punto las grabadoras, porque vamos a conocer una serie de experimentos muy interesantes que os serán de mucha utilidad.

### Silencio

El principal experimento que podemos hacer es el que nos ayudará a tener la primera toma de contacto con el fenómeno, ya que algunas personas suelen tener un poco de respeto, sobre todo al principio, a la hora de realizar preguntas a la causa paranormal, por eso el primer experimento es el más sencillo, sólo tenemos que colocar la grabadora y dejarla grabando durante dos minutos como máximo en completo silencio, para posteriormente escuchar su contenido y ver si se registró algo supuestamente paranormal.

Es recomendable en este experimento, igual que en el resto, que protocolicemos todos los ruidos y sonidos externos que se produzcan, para evitar así confusiones: «ruido de coche pasando, se escucha de fondo la lluvia, etc.». Incluso, si no queremos hablar, podemos anotarlo en una libreta: «Minuto uno, segundo doce, coche pasando por la calle». De esta forma seremos lo más rigurosos posible, algo

Vayan poniendo a punto sus grabadoras, porque vamos a conocer una serie de experimentos muy interesantes que os serán muy útiles.

que agradeceremos con el paso del tiempo, ya que si no somos metódicos desde el principio podemos viciarnos en malas costumbres.

## Pregunta-espacio

El siguiente paso experimental sería aplicar la técnica pregunta-espacio; es también muy sencilla, se trata de grabar entre uno y dos minutos, realizando varias preguntas y dejando entre ellas un espacio determinado de tiempo, entre diez y treinta segundos, para que de este modo las voces paranormales puedan manifestarse en nuestras grabadoras.

Sobre el tipo de pregunta que podemos formular, lo interesante sería plantear algunas relacionadas con la historia del lugar que estamos investigando, sobre el origen de los fenómenos paranormales, etc. Pero he de serles sincero, este tipo de pregunta es la que menos responden, es como si en ese otro lado no pudiesen o no quisiesen responder a este tipo de cuestiones, así que les invito a que realicen preguntas de todo tipo, suelen responder las más absurdas y menos comprometidas, incluso las más divertidas y jocosas.

## Conversación

La técnica de la conversación es una de las que mejor funciona. Sólo tiene un problema: que necesitamos conocer perfectamente la voz de las personas que hablan, preferiblemente dos o máximo tres, ya que más sería complicado controlarlo. Debemos hablar alto y claro, evitando susurros y tonos que nos puedan llevar a la confusión.

Una vez tenemos esto claro, comenzamos a entablar una conversación sobre el tema que consideremos oportuno. Aquí, al contrario que en la técnica pregunta-espacio, podemos hablar de temas paranormales o de lo que nos plazca, ya que el efecto perseguido de las voces paranormales es que se incorporen a las conversaciones y hagan mención a lo que estamos hablando, bien sea afirmando o negando algo, corrigiendo algún comentario o aportando su opinión como uno más dentro de la conversación. Este método es realmente interesante y sorprendente, no les dejará indiferentes.

## Ouijafonías

La grabación de psicofonías durante las sesiones de ouija es otra de las técnicas comunes dentro de la investigación, hay incluso quien sólo practica la ouija con el fin de registrar psicofonías. A estas voces se las conoce con el nombre técnico de ouijafonías.

Podemos realizar preguntas a la vez que grabamos e ir escuchando la grabación cada dos o tres minutos, o dejar nuestras grabadoras registrando el sonido durante toda la sesión de ouija, aunque posteriormente a la hora de escucharlo puede que se nos haga un poco pesado, por lo cual recomiendo grabaciones de tres o cuatro minutos. Aunque no lo escuchemos al instante y sigamos grabando, lo ideal es que vayamos fragmentando las grabaciones en pistas independientes de pocos minutos, para no monopolizar escuchas largas.

## Portadoras

Para muchos investigadores del mundo de las psicofonías, uno de los mejores métodos es utilizar portadoras, que no dejan de ser ruido y sonidos, bien sean ambientales o tecnológicos. Se puede emplear de fondo el sonido del agua correr, el viento, el ajetreo de las hojas de los árboles, o cualquier tipo de ruido o sonido que consideremos oportuno, incluso el subir y bajar de persianas o abrir y cerrar de puertas. Se tiene constancia de que la causa paranormal posee la capacidad de modular ciertos ruidos y sonidos para transformarlos en voces.

Podemos utilizar portadoras continuas o repetitivas, todo depende de nuestro ingenio, por ejemplo, el correr del agua podría ser continua, el bajar una persiana podría ser repetitivo, todo dependerá de cómo queramos plantear la grabación en ese momento.

Además existen aparatos que son capaces de generar portadoras como ruido blanco o rosa, entre otros, incluso mediante programas informáticos como el GoldWave o Adobe Audition podemos hacerlo.

## Doble ciego

El experimento de doble ciego consiste en utilizar dos grabadoras para realizar la prueba. Una reproduciendo las preguntas grabadas previamente y otra grabando en ese instante.

El verdadero experimento de doble ciego debe hacerse en un lugar aislado y a poder ser apartado del ruido mundano, una casa en medio del campo o un lugar insonorizado. Debemos grabar las preguntas que queramos en una grabadora, dejando un intervalo de tiempo entre pregunta y pregunta. Posteriormente colocamos la cinta en un aparato con doble función simultánea (reproducir y grabar), puede ser un equipo de música, una doble pletina o algún soporte más moderno. Al aparato debemos incorporarle un temporizador que configuraremos para que salte a una hora indeterminada, o por lo menos que nosotros desconozcamos, para eso pondremos la hora al azar, de esta manera evitaremos saber a qué hora se activará el experimento y descartaremos así la teoría que explica el fenómeno psicofónico como una impregnación mental del experimentador. También es importante que en el período que pueda saltar el temporizador no haya nadie en el lugar, para evitar posibles alteraciones. Se han dado casos en los que las voces han contestado ante las preguntas diciendo: «No hay nadie» y respuestas similares, dejando claro que podían percibir nuestro entorno y que allí estaban solos.

Si no tenemos la capacidad de montar toda esta parafernalia, podemos utilizar simplemente dos grabadoras, una reproduciendo y otra grabando, mientras presenciamos in situ el experimento, aunque, como comentaba, el verdadero doble ciego es en el que utilizamos temporizador y no hay nadie presente cuando se realiza el experimento.

## Campana de vacío

Para que el sonido se propague necesitamos un medio material, en este caso el aire. Si anulamos el aire, es imposible que un sonido se escuche, por eso si utilizamos una campana de vacío o una bomba de vacío, podemos extraer de una zona concreta el aire y colocar en su interior una grabadora para ver qué ocurre. Si obtenemos psicofonías sabremos que algo imposible de explicar se ha producido en el interior de esa campana de vacío, ya que sin el medio necesario (el aire) es imposible que se propague ese sonido en el interior de la campana.

Este experimento es realmente interesante y científico, seguro que les aporta resultados muy interesantes.

## Jaula Faraday

Estas jaulas lo que hacen es eliminar toda frecuencia electromagnética de su interior, evitando así que se puedan colar frecuencias de radio, televisión y ondas hertzianas en definitiva, lo cual es fundamental para descartar una teoría, aunque pocos adeptos tiene ya. Se trata de aquella que relaciona a las psicofonías con ondas de radio y frecuencias similares. Además, si se trata de ondas de radio, ¿por qué nunca se ha registrado una cuña publicitaria?

Este experimento nos aportará resultados sorprendentes, que descartará esta teoría pasada ya de moda para la mayoría de experimentadores.

## Hermético

La técnica hermética es un truco casero y, aunque no es fiable del todo, sí que nos aporta algo más de seguridad.

Consiste en utilizar un recipiente hermético casero y meter en su interior la grabadora. De esta forma, evitaremos captar bastante ruido ambiente, lo que nos hará tener un poco más de seguridad, ya que evitaremos en un buen porcentaje la contaminación acústica de nuestro

Uno de los mayores problemas lo encontramos a la hora de interpretar las psicofonías.

entorno. Es recomendable usar este truco en lugares donde podamos vernos afectados por voces y sonidos externos, los cuales consideremos que puedan llegar a confundirnos.

## Escucha independiente

Uno de los mayores problemas lo encontramos a la hora de interpretar las psicofonías, sobre todo con las de clase B y C, ya que las de clase A suelen entenderse la primera vez que las escuchas.

Para ver realmente lo compleja que puede llegar a ser la interpretación de una de estas voces, podemos realizar un experimento de escucha independiente.

Necesitamos formar un grupo de varias personas, que llevarán un lápiz y un papel cada una. Estos escucharán con auriculares la psicofonía de forma independiente, escribiendo en la hoja su interpretación, sin que el resto de miembros sepa cuál es; de esta forma, evitamos saber qué interpretan nuestros compañeros y que nos influya, ya que si conocemos la interpretación de alguno de ellos, seguramente al escucharla nosotros digamos entender lo mismo.

Una vez que todos hayan escuchado la psicofonía y tengan anotada su interpretación en el papel, expondremos los resultados encima de la mesa y compararemos. Seguramente si somos diez personas nos encontraremos con ocho o diez interpretaciones diferentes. Es el gran misterio de estas voces, que es muy difícil coincidir en una misma interpretación.

Aparte de estos experimentos podemos crear los nuestros propios; hay quien utiliza música, gamas de colores y otro tipo de elementos para experimentar con este tipo de voces. De ustedes depende ingeniárselas para profundizar en el tema y encontrar técnicas y métodos más eficaces para comunicarse con ese otro lado.

## Experimentos para captar presencias fantasmales

Existen diferentes tipos de experimentos que podemos realizar si pretendemos encontrar actividad paranormal, denominadas también captación de presencias fantasmales, nombre que define quizá erróneamente este término, ya que en realidad no sabemos si realmente son fantasmas. Pero es verdad que esa posibilidad parece ser la más probable, sobre todo para la mayoría de investigadores de lo paranormal.

### Detectar movimientos

Utilizando los sensores de movimiento, podemos captar presencias invisibles a nuestros ojos, siempre que los tengamos controlados con cámaras de vídeo, por eso comentábamos en el apartado sobre los perímetros de seguridad que tanto los detectores de movimiento como la técnica de los polvos de talco, la de los periódicos, incluso la del azúcar nos podían servir para preparar experimentos en busca de la captación de manifestaciones paranormales.

Un experimento muy sencillo es colocar una cámara de vídeo en posición de visión nocturna y esperar a ver qué ocurre.

## Cámara en visión nocturna

Un experimento muy sencillo es colocar una cámara de vídeo en posición de visión nocturna y esperar a ver qué ocurre. Esta técnica suele dar mejores resultados que cuando grabamos en visión diurna, sobre todo para registrar en nuestros aparatos luminiscencias extrañas que parecen vagar delante de nuestro objetivo.

Tenemos que tener en cuenta que podemos confundir un simple insecto con un fenómeno paranormal, por eso debemos ser cautos en el posterior análisis.

Se recomienda dejar la cámara grabando y salir de la estancia, olvidarnos de la filmación mientras hacemos otro tipo de cosas. Además, si nos encontramos voces extrañas en el vídeo es común, no se alarmen, ya que las cámaras de vídeo son muy propensas al registro de psicofonías, sobre todo en lugares con alta carga paranormal.

Durante los documentales realizados con las productoras Visual-Beast en el Hospital del Tórax y con TevaFilms en diferentes enclaves, todas las psicofonías captadas por nuestras grabadoras han quedado registradas también en las cámaras de las productoras. Creo que con este ejemplo, queda todo dicho.

## Fotografías paranormales

Para la captación de instantáneas extrañas, sólo debemos realizar muchas fotografías en los lugares que vamos a investigar, además debemos dejarnos llevar por nuestra intuición, haciendo fotografías en las zonas donde percibamos que puede haber una energía o sensación extraña. Aun así, suele ser complicado obtener fotografías paranormales, la mayoría de ellas termina teniendo una explicación racional.

Evitemos fumar mientras hacemos las fotografías, controlemos la humedad del entorno, la niebla y cualquier estado ambiental y atmosférico que consideremos que pueden alterar nuestras fotografías.

Podemos utilizar las fotografías además como complemento a otros experimentos con ouija, psicofonías o cualquier otro de contacto o comunicación, pidiendo a la causa paranormal que se sitúe en un punto determinado para que podamos hacer una foto y que se aparezca en la instantánea. Normalmente no suele salir nada en la fotografía, aunque en alguna ocasión nos podemos llevar una interesante sorpresa.

## Brújula desorientada

Utilicemos una brújula en nuestras investigaciones, su precio es insignificante y puede depararnos alguna que otra sorpresa.

En ocasiones se producen fenómenos desconcertantes, como una brújula que empieza a dar vueltas desorientada en momentos puntuales. Según la teoría popular dentro de las investigaciones de este tipo, se cree que puede ser un tipo más de manifestación por parte de la causa paranormal, que de este modo se quiere hacer notar o llama nuestra atención. Por lo tanto, sería interesante que en cualquier experimento colocásemos una brújula al lado, nunca se sabe cuándo puede ofrecernos resultados positivos.

Utilicemos una brújula en nuestras investigaciones, su precio es insignificante y puede depararnos alguna que otra sorpresa.

## Detector de biomasa y electromagnético

Una de las teorías paranormales dice que en un lugar donde se encuentra alguna presencia fantasmal la electricidad electrostática aumenta de forma considerable. Por eso algunos grupos e investigadores llevan a la práctica el uso de los detectores de biomasa, como por ejemplo José Ros, presidente de la sociedad de fenómenos paranormales de Gerona, quien utiliza el modelo Biomasa III, con el cual suelen obtener resultados bastante positivos; aunque siempre permanece la duda, ya que normalmente hay lugares altamente contaminados de electricidad estática. Aun así, es cierto que se ha podido constatar que, en ocasiones, la gran carga de actividad paranormal ha ido ligada a una fuerte contaminación electrostática. ¿Casualidad?

167

El detector electromagnético, en teoría, sería similar al de biomasa, es decir, que se considera que la carga electromagnética aumenta en exceso en aquellos lugares donde hay presencias fantasmales, aunque tampoco se ha podido demostrar que sea cierto, ya que cuando la actividad paranormal y el aumento de electromagnetismo han ido ligados, siempre se ha podido buscar una explicación más racional, por ese motivo la duda está latente y algunos experimentadores prefieren no usar estos aparatos.

Si decidimos experimentar con ellos es muy sencillo; midamos los campos electrostáticos y electromagnéticos en zonas donde no haya actividad paranormal y en otras donde el lugar sea un gran foco de fenómenos, de esta forma nuestra experiencia nos llevará a sacar nuestra propia hipótesis al respecto.

## Desplazamiento de objetos

Los experimentos de desplazamientos de objetos suelen ser espectaculares cuando transcurren de forma positiva. En una peluquería de Terrassa nos funcionó, dejando a los presentes atónitos.

Necesitamos un objeto que no sea demasiado pesado, por ejemplo una moneda, una tarjeta, una llave, cualquier cosa nos puede servir. Sólo tenemos que tener en cuenta que cuanto menos pesado sea, más fácil lo tiene la causa paranormal para desplazarlo.

Una vez que hemos seleccionado el objeto, lo colocamos sobre una superficie plana, donde ponemos una hoja y depositamos el objeto encima, luego lo marcamos con un bolígrafo o rotulador y nos alejamos. Entonces sólo nos queda pedir a la supuesta entidad que desplace el objeto, normalmente salimos fuera del lugar y dejamos una grabadora o videocámara registrando lo que suceda en el interior durante nuestra ausencia. Lo ideal en este experimento es realizarlo en una vivienda o zona que podamos controlar, ya que si pueden tener acceso al lugar otras personas la fiabilidad del experimento se reduciría y carecería del rigor necesario para dar la experiencia como válida en el caso de que encontrásemos el objeto movido.

Este es un experimento clásico que nos puede aportar ideas para que nosotros mismos elaboremos otros similares.

## Vaho en el espejo

Uno de los experimentos más descabellados que se han realizado consiste en provocar mucho vaho en el interior de un cuarto de baño o pequeño lavabo. Según los más atrevidos, las entidades fantasmales son capaces de escribir en el cristal empañado del espejo.

Sin duda, es un experimento de «locos», pero imagínense por un instante que llenamos el lavabo de vaho y nos marchamos a la habitación contigua, sin perder de vista la puerta del lavabo, que hemos cerrado previamente, y que pasados unos minutos, al abrirla, nos encontramos unas letras en el espejo. ¿Habría valido la pena realizar este experimento por muy descabellado que nos parezca al principio?

Seguramente necesitaríamos cien, mil o diez mil intentos para que esto ocurriese, pero ¿y si por casualidad o cuestión del destino, nos sucede esto en el quinto o sexto intento? No os cuesta nada, así que intentadlo, el resultado negativo ya lo tenemos, busquemos ahora el positivo.

## Petición de manifestaciones

Durante la investigación paranormal podemos pedirle nosotros mismos a la causa que se manifieste; suele ser más frecuente de lo que podemos imaginar que los resultados de este experimento sean positivos, sobre todo en escenarios donde la comunicación y el contacto con lo paranormal sea frecuente.

Podemos buscar una comunicación como la que tuvieron las hermanas Fox, establecer un código de preguntas-respuestas: un golpe «sí», dos golpes «no». Incluso solicitar a la causa paranormal que nos guíe por nuestra investigación, provocando ruidos y golpes en aquellos lugares del enclave donde puede comunicarse mejor o donde podremos encontrar alguna pista que necesitamos.

También podemos solicitar a la causa paranormal que apague una vela, que haga saltar un sensor de movimiento, que se muestre en nuestra cámara de vídeo, que pise sobre los polvos de talco o los periódicos. Cualquier tipo de manifestación que se nos ocurra es buena, siempre con el fin de poder demostrarnos a nosotros mismos que realmente hay ante nosotros una causa de origen desconocido con la cual interactuamos.

## EXPERIMENTOS ANALÍTICOS SOBRE EL ORIGEN DE LAS ORBES

La gran polémica de las orbes: ¿polvo o fantasmas?, ¿algo paranormal o muy simple de explicar? Sin duda la polémica está más abierta que nunca en este tema hoy en día y, si queréis mi opinión sincera, os diré que las orbes son simples motas de polvo, incluso agua, humedad y otros tipos de materia terrenal que nada tienen que ver con fantasmas. Pero como hablar sin pruebas es muy sencillo, os propongo una serie de experimentos para que salgáis de dudas y lleguéis a vuestras conclusiones experimentando.

*Recordad, haced estos experimentos de día, de noche, con* flash *y sin él, sólo así podréis sacar vuestras propias conclusiones*

### Experimento con polvo número 1

El primer experimento que propongo es el más claro y contundente de todos. Acudid de noche a un campo, a la montaña, al bosque, a una zona donde la tierra sea polvorienta.

Una vez ubicados en nuestro destino, lo primero que haremos son varias fotografías, intentando no levantar polvo. Una vez que hayamos realizado cinco o seis instantáneas, levantaremos mucho polvo y comenzaremos a realizar una sesión fotográfica. Repetiremos este experimento en diferentes ocasiones y lugares, para poder analizar con claridad si las orbes son polvo o fantasmas.

### Experimento con polvo número 2

Otro experimento, un poco más sutil, es realizar fotografías sin levantar polvo, igual que en el experimento anterior, y posteriormente agitar la rama de un árbol con fuerza, para generar polvo, el cual será invisible a nuestros ojos, pero no para nuestra cámara fotográfica. Entonces realizaremos una serie de fotografías para poder comparar y darnos cuenta de la cruda realidad de este fenómeno, que seguramente después de este segundo experimento ya nos habrá dictado una teoría casi definitiva.

### Experimento con polvo número 3

Si a pesar de haber realizado estos dos experimentos aún tenemos dudas, propongo uno mucho más sutil todavía, la prueba definitiva, diría yo.

Entra en tu habitación y realiza fotografías por la zona de la cama. Posteriormente sacude varias veces la cama y las mantas, para realizar posteriormente otra sesión fotográfica. Seguramente ocurra como en el experimento anterior, que sin alterar el entorno no aparecen orbes o en el mejor de los casos, alguna que otra, pero cuando agitamos la cama y las mantas, las orbes se disparan de forma aplastante.

Algunas de estas orbes pueden tener caras en su interior, incluso extraños símbolos, lo cual puede hacer pensar a los más creyentes que siguen siendo fantasmas, así que para demostrar que seguramente estáis equivocados, vamos a realizar otro tipo de experimentos.

### Experimento del pulverizador

Podemos pulverizar agua y realizar fotografías, si este experimento lo hacemos en lugares con diferentes colores de fondo, o en escenarios ricos en colores, veremos como captamos orbes azules, verdes, blancas, amarillas, etcétera.

Es muy sencillo, sólo necesitamos un pulverizador, llenarlo de agua y disparar en varias ocasiones al techo, para seguidamente y de forma rápida, realizar varias fotografías.

Otro experimento con pulverizador sería llenarlo con algún producto químico, ambientador, desodorante, limpiacristales —este último es el más eficaz— y realizar el mismo método que con el agua.

Los resultados hablan por sí solos, ya que nos encontraremos con orbes con forma de rostro en su interior y extraños símbolos. Por lo tanto, si llegan a estos resultados por ustedes mismos, plantéense una pregunta: ¿si un producto químico, incluso el agua, da apariencia de rostro o símbolo en el interior de las partículas, por qué no puede hacerlo también la tierra, el polvo o cualquier sustancia que esté vagando por el ambiente en el momento que realizamos la fotografía?

Orbes provocadas con pulverizador.

Orbe natural en el Molí den Benagues (cedida por Toni del grupo Oberón Misteria).

173

## Experimentos con la ouija

Mediante el tablero ouija podemos realizar numerosos experimentos, desde combinar algunos de los ya mencionados, como captación de psicofonías, petición de manifestaciones, exposición de sensores de presencias, etc., hasta otros que vamos a conocer a continuación.

### Experimento del ciego

Uno de los experimentos más interesantes, pero complejos a la vez, es el de vendarles los ojos a los participantes de la ouija, para que no puedan ver el tablero. Curiosamente si realizamos este experimento suele ser muy complicado que el resultado sea positivo, sólo he conocido un lugar donde la ouija funcionaba incluso con los ojos de los participantes vendados. Hablo de Torre Salvana, el «Castillo del Infierno».

Este experimento es sencillo de realizar, sólo debemos vendar los ojos a los participantes y cambiar de posición el tablero, para que pierdan la orientación, de esta manera, si la ouija responde de forma coherente a determinadas preguntas que formulemos, querrá decir que hemos contactado con algo externo a los experimentadores. Ojo, no quiere decir que si el experimento fracasa sean los experimentadores los que hayan movido la ouija de forma consciente. Pensar eso sería un craso error; la ouija es posiblemente el fenómeno más complejo e inexplicable, es como si nuestros ojos, fuesen los ojos de la causa que se manifiesta, como si nuestra energía fuese su energía, es algo muy complejo e irracional que debemos investigar a conciencia.

### Experimento de la información

Algo realmente interesante, y mucho más efectivo que el primer experimento es el de buscar información que desconocemos. Preguntar por cuestiones y temas de los cuales no tengamos ni idea, que posteriormente podamos llegar a comprobar, incluso, coger un libro y preguntar al azar: ¿cuál es la primera palabra que aparece en la página sesenta y ocho, línea sexta? Si nos responden de forma coherente sabremos que estamos en contacto real con una inteligencia desconocida.

Antes de realizar este experimento podemos plantear otros más sencillos, como preguntar cosas relacionadas con nosotros mismos o con

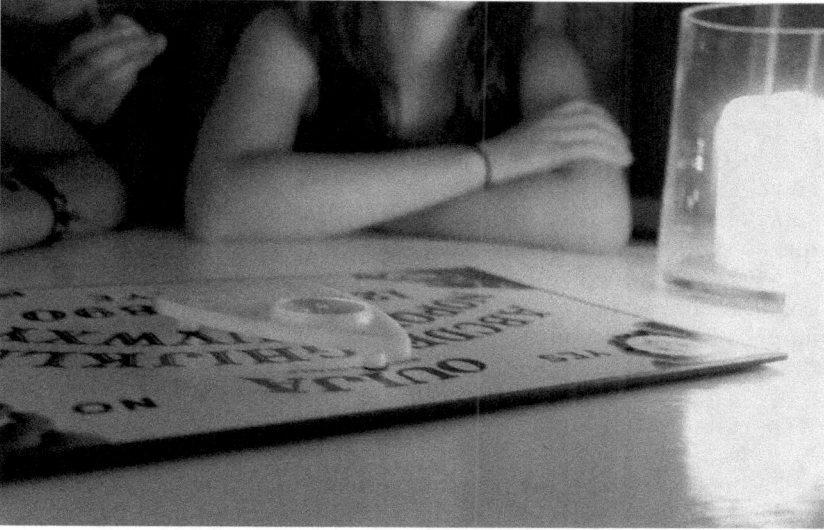

Mediante el tablero ouija podemos realizar numerosos experimentos.
Fotografía de Madeline Louise

nuestro entorno: ¿de qué marca es mi blusa?, ¿las paredes de la habitación de qué color son?, etc. Si vemos que responden con coherencia a estas preguntas, entonces tendremos muchas posibilidades de que nuestro experimento posterior funcione, aunque debemos tener en cuenta que sólo en lugares y momentos muy concretos podremos sacar beneficio de este tipo de experimentos, ya que la causa paranormal se suele manifestar a su antojo. Si algún día llegamos a poder establecer un comportamiento de conducta o protocolo con el cual podamos hacer que los fenómenos se manifiesten a nuestra antojo, ese día podremos llevar los fenómenos a un estudio científico en laboratorio y la ciencia aceptará la existencia de estas extrañezas.

## Experimento con el escéptico del grupo

Por norma general, en algunas investigaciones nos encontraremos con algún escéptico entre nosotros, incluso con algún gracioso que no cree en nada, pero que además se mofa de todo esto y no nos deja

175

trabajar. Podemos realizar un experimento muy sencillo. Le pedimos que quite el dedo del máster y que pregunte a la ouija cosas personales que no sepa ninguno de los que están allí, o al menos de los que tienen el dedo puesto.

Es muy normal que la ouija en determinados enclaves nos responda con coherencia y deje totalmente desconcertado al escéptico, cuando lee sobre el tablero que la ouija le está diciendo cosas privadas y personales que no sabe nadie de los que están en la sala, aparte de él.

Este experimento nos sirve además para darnos cuenta de que contactamos con algo externo a nosotros, para que el escéptico de turno aprenda una lección muy valiosa: «no se puede tomar a broma algo que desconocemos».

## Experimento con el máster

Con el máster, testigo, o como queramos denominar al vasito, la anilla, la moneda, o el objeto con el cual realicemos la ouija, también podemos realizar experimentos. Por ejemplo pedirle que se mueva solo, sin que nadie lo toque; hay quien asegura que ha conseguido que se desplace sin tocarlo. Incluso podemos poner los dedos a unos milímetros del máster y hacer esta petición.

En el conocido castillo de los Infantes, en la zona de Gerona, pude ser testigo de cómo el grupo de investigación GIPO conseguía que una anilla se desplazase prácticamente sola por encima del tablero. Colocaron los dedos en el interior de la anilla y, sin tocar la madera, aquello se deslizaba a una velocidad de vértigo. Ha sido mi experiencia más extraña jamás vivida con este tipo de experimentos, antes nunca había presenciado algo tan impactante en la ouija.

## Experimento para encontrar objetos

Uno de los experimentos más divertidos e interesantes es el de esconder objetos y pedirle a la ouija que los encuentre. Si nos funciona este experimento, nos daremos realmente cuenta de la capacidad que tiene la ouija. Ahora bien, la duda estará latente: ¿la ouija adivina dónde está el objeto, ha visto donde lo escondíamos o le ha leído la mente a quien lo escondió?

Para salir de dudas podemos hacer varios experimentos. El primero y más sencillo sería esconder algo en la zona donde estamos realizando la ouija. Si la causa paranormal nos indica correctamente dónde está el objeto, podremos pasar a la fase dos. Uno de los miembros del grupo saldrá de la estancia donde se está realizando la sesión y esconderá el objeto en otro habitáculo. Una vez regrese a la sala donde se está llevando a cabo la sesión, se le preguntará al tablero dónde está escondido el objeto. Si la entidad nuevamente vuelve a acertar la ubicación, ya podremos pensar que la causa paranormal es capaz de ver dónde escondemos el objeto aunque nos vayamos a otro habitáculo, o que posee la capacidad de leer la mente humana, por lo cual pasaremos a un tercer nivel de dificultad. Uno de los miembros del grupo esconderá un objeto en un lugar cualquiera, días antes de realizar la sesión de ouija. Cuando comience dicha sesión, la persona que escondió el objeto preguntará dónde está guardado. Si mediante el tablero nos dan la ubicación correcta del objeto, ya podremos decir que el éxito en este experimento es abrumador, pero aún nos queda la principal duda: ¿nos lee la mente o en realidad sabe dónde escondemos las cosas? Saldremos de dudas en la cuarta fase. En este experimento una persona esconderá un objeto en un lugar cualquiera, como en la fase tres, pero con la gran diferencia de que el día que se haga la sesión de ouija y se pregunte por el objeto, no estará presente, para evitar así que la causa paranormal pueda leerle la mente.

Si en esta cuarta fase la ouija acierta la ubicación del objeto, podremos plantearnos la posibilidad de intentar llegar más allá, ¿quizá buscar personas desaparecidas? Seguramente sería una locura, ¿pero acaso no lo sería ya si hubiésemos alcanzado la fase cuatro con un éxito absoluto?

## Consejos finales

Lo más importante que puedo decir es que hagáis caso sobre todo a las cuestiones más importantes de este manual. Cuando digo importantes me refiero a los peligros y las medidas de seguridad. Lo primero es nuestra salud, tanto física como mental, el bienestar de uno es el mayor premio que podemos ansiar, por lo tanto, si no encajas dentro del perfil de persona apta para investigar no lo hagas; es el mejor consejo que

Lo primero que debemos hacer es seleccionar el lugar que vamos a investigar y documentarnos sobre él.

puedo daros, pero como sé que algunos no haréis caso, algo que es perfectamente comprensible, ya que sois libres de hacer lo que os plazca, vamos a terminar este manual con un test de investigación, en el que debéis responder qué haríais en diferentes momentos de una hipotética investigación, pero antes vamos a recordar algunas cosas importantes, que espero que a partir de ahora os sean de mucha ayuda y orientación.

Lo primero que debemos hacer es seleccionar el lugar que vamos a investigar, documentarnos sobre su historia, sus leyendas, entrevistar a personas vinculadas a él y hablar con testigos que hayan vivido sucesos extraños. Una vez documentados, acudiremos al enclave que vamos a investigar y analizaremos el terreno para evitar accidentes, además tomaremos medidas preventivas y marcaremos unos perímetros de seguridad para evitar caer en errores de percepción.

Evitaremos llevar a personas no aptas para la investigación y nos mostraremos siempre seguros ante el grupo, no poniendo nunca en riesgo la integridad física o mental de nuestros compañeros, abortando la investigación en el momento que sea preciso.

Una vez que comencemos el trabajo de campo, toda la teoría que hemos aprendido deberemos llevarla a la práctica, aunque ya os aseguro que no será nada fácil. Una vez metidos en el corazón del misterio, las cosas se ven desde otro prisma, sobre todo si los fenómenos paranormales empiezan a aparecer, por eso debéis estar muy seguros de vosotros mismos y llevar la investigación con entereza.

Ahora vamos a realizar el test final: si lo superáis estaréis preparados, al menos teóricamente, para emprender una investigación paranormal, aunque os recuerdo que siempre bajo vuestra responsabilidad. Ante la más mínima duda, miedo o inquietud, por favor no realicéis prácticas paranormales.

*Menores de edad, adolescentes, personas influenciables, psicológicamente inestables, enfermas mentales, con depresión, religiosas, creyentes, etc., NO experimentéis con lo paranormal, ¡puede ser muy peligroso!*

# Capítulo 6

# Test de investigación

Ahora vamos a ver si habéis aprendido la esencia del manual y si pasaríais una investigación con éxito, aunque recordad, esto es sólo una simulación, la práctica es mucho más compleja y complicada de llevar a cabo.

1. *¿En qué población comenzaron los fenómenos paranormales de forma oficial?*
   - a) Estocolmo
   - b) Hydesville
   - c) Florida

2. *En qué año comenzaron de forma oficial los fenómenos paranormales?*
   - a) 1848
   - b) 1959
   - c) 1658

3. *¿Quién grabó la primera psicofonía oficial de la historia?*
   - a) Friedrich Jürgenson
   - b) Pedro Duque
   - c) Aldemar Borgas

4. *¿Quién está considerado el padre de las psicofonías?*
   a) Konstantin Raudive
   b) Marc Gasol
   c) Thomas Alva Edison

5. *¿Cuál fue la primera investigación paranormal oficial en España?*
   a) El caso de Tócame Roque.
   b) El duende de Zaragoza.
   c) El Hospital del Tórax.

6. *¿Cuál de estos nombres no aparece en el manual como grupo de misterio?*
   a) Sociedad FPG
   b) SEIP
   c) Grupo Rufo

7. *¿Qué lugares se han puesto de moda en el siglo XXI para investigar?*
   a) Centros habitados.
   b) Lugares abandonados.
   c) Campos de fútbol.

8. *¿Qué resultaría peligroso en una investigación?*
   a) No llevar pilas de repuesto.
   b) La sugestión, el miedo, las personas inestables, etcétera.
   c) No saber hablar lenguas muertas.

9. *¿Qué es la termogénesis?*
   a) Ascenso de temperatura.
   b) Descenso de temperatura.
   c) Ascenso o descenso de temperatura.

10. *¿Qué caracteriza a un espectro?*
   a) Que interactúa con nuestro entorno.
   b) Que sólo se aparece en lugares abandonados.
   c) Que no interactúa con nuestro entorno.

11. *Nos encontramos ante una propuesta para que investiguemos un caso determinado. ¿Qué es lo primero que hacemos?*
   a) Miramos que las baterías estén cargadas.
   b) Nos tomamos un café para no tener sueño por la noche.
   c) Nos metemos en hemerotecas y archivos para documentarnos sobre el lugar.

12. *Tenemos que formar un grupo de personas físicas. ¿A quién llamamos?*
   a) Personas creyentes a nivel religioso o espiritual.
   b) Personas con miedo a lo paranormal.
   c) Personas no sugestionables ni influenciables.

13. *Una vez documentados y con el equipo físico establecido, ¿qué hacemos?*
   a) Contactar mediante ouija con la causa paranormal que habita en el lugar.
   b) Acudimos al lugar que vamos a investigar para conocer el terreno y evitar accidentes.
   c) Vamos al lugar a investigar ya, estamos ansiosos.

14. *Una vez en el escenario de la investigación, ¿qué es lo primero que hacemos?*
   a) Grabar psicofonías para ver si hay presencias extrañas.
   b) Montar un perímetro de seguridad.
   c) Tomarnos el bocadillo, no se puede trabajar con el estómago vacío.

15. *Hemos empezado la investigación y necesitamos montar otra zona de seguridad, ya que encontramos un nuevo acceso que desconocíamos. ¿Qué podemos utilizar para crear el perímetro?*
   a) Detectores de movimiento, polvos de talco, cámaras de vídeo.
   b) Polvos de talco, jabón de baño, colonia.
   c) Cámaras de vídeo y grabadoras de sobremesa.

16. *Queremos establecer un diálogo con las voces paranormales. ¿Qué técnica psicofónica utilizamos?*
    a) Silencio.
    b) Conversación con un compañero.
    c) Pregunta-espacio.

17. *Queremos hacer un experimento de desplazamiento de objetos. ¿Qué nos iría mejor?*
    a) Un vaso de tubo.
    b) Una moneda de cinco céntimos.
    c) Un teléfono móvil.

18. *Tenemos un escéptico gracioso en el grupo. ¿ Qué experimento le proponemos?*
    a) Que quite el dedo del máster y pregunte cosas íntimas y personales, que el resto desconozca.
    b) Le decimos que se vaya a paseo directamente.
    c) Que haga la ouija él solo mientras el resto pregunta.

19. *La investigación está muy interesante, pero uno de los miembros del grupo se está empezando a sugestionar. ¿Qué haces?*
    a) Lo tranquilizas y sigues con la investigación.
    b) Le dices que es un cobarde, a ver si se motiva.
    c) Decides abortar la investigación, lo primero es la seguridad del grupo.

20. *Estás perdiendo el control de la investigación, pero tu grupo necesita verte íntegro, fuerte, con el control absoluto de la situación. ¿Cómo reaccionas?*
    a) Le paso el mando a otro compañero.
    b) Propongo parar para descansar y salimos fuera del recinto para ver si me recupero, en caso contrario pongo una excusa y abortar la investigación.
    c) Aguanto hasta el final, sin importar las consecuecias.

# RESULTADO DEL TEST

Vamos a puntuar el test con un punto positivo las preguntas acertadas, pero de poca relevancia, como son las primeras, ya que consideramos más importante aquellas que simulan una investigación real, las cuales serán puntuadas con tres puntos positivos. Igualmente algunas se puntuarán con puntos negativos que tendremos que restar a la suma total.

1. *¿En qué población comenzaron los fenómenos paranormales de forma oficial?*
   - a) 0 puntos
   - b) + 1 punto
   - c) 0 puntos

2. *¿En qué año comenzaron de forma oficial los fenómenos paranormales?*
   - a) + 1 punto
   - b) 0 puntos
   - c) 0 puntos

3. *¿Quién grabó la primera psicofonía oficial de la historia?*
   - a) 0 puntos
   - b) – 1 punto
   - c) + 1 punto

4. *¿Quién está considerado el padre de las psicofonías?*
   - a) + 1 punto
   - b) – 1 punto
   - c) 0 puntos

5. *¿Cuál fue la primera investigación paranormal oficial en España?*
   - a) + 1 punto
   - b) 0 puntos
   - c) – 1 punto

185

6. *¿Cuál de estos nombres no aparece en el manual como grupo de misterio?*
        a) 0 puntos
        b) 0 puntos
        c) + 1 punto

7. *¿Qué lugares se han puesto de moda en el siglo XXI para investigar?*
        a) 0 puntos
        b) + 1 punto
        c) – 1 punto

8. *¿Qué resultaría peligroso en una investigación?*
        a) 0 puntos
        b) + 3 punto
        c) - 1 punto

9. *¿Qué es la termogénesis?*
        a) 0 puntos
        b) 0 puntos
        c) + 1 punto

10. *¿Qué caracteriza a un espectro?*
        a) + 3 puntos
        b) – 3 puntos
        c) 0 puntos

11. *Nos encontramos antes una propuesta para que investiguemos un caso determinado. ¿Qué es lo primero que hacemos?*
        a) 0 puntos
        b) – 3 puntos
        c) + 3 puntos

12. *Tenemos que formar un grupo de personas físicas. ¿A quién llamamos?*
        a) – 3 puntos
        b) – 3 puntos
        c) + 3 puntos

13. *Una vez documentados y con el equipo físico establecido, ¿qué hacemos?*
>  a) – 1 punto
>  b) + 3 puntos
>  c) – 1 punto

14. *Una vez en el escenario de la investigación, ¿qué es lo primero que hacemos?*
>  a) 0 puntos
>  b) + 3 puntos
>  c) 0 puntos

15. *Hemos empezado la investigación y necesitamos montar otra zona de seguridad, ya que encontramos un nuevo acceso que desconocíamos. ¿Qué podemos utilizar para crear el perímetro?*
>  a) + 3 puntos
>  b) – 3 puntos
>  c) 0 puntos

16. *Queremos establecer un diálogo con las voces paranormales. ¿Qué técnica psicofónica utilizamos?*
>  a) – 1 punto
>  b) 0 puntos
>  c) + 3 puntos

17. *Queremos hacer un experimento de desplazamiento de objetos. ¿Qué nos iría mejor?*
>  a) – 1 punto
>  b) + 3 puntos
>  c) – 1 punto

18. *Tenemos un escéptico gracioso en el grupo. ¿Qué experimento le proponemos?*
>  a) + 3 puntos
>  b) 0 puntos
>  c) 0 puntos

19. *La investigación está muy interesante, pero uno de los miembros del grupo se está empezando a sugestionar. ¿Qué haces?*
    a) – 1 punto
    b) – 3 puntos
    c) + 3 puntos

20. *Estás perdiendo el control de la investigación, pero tu grupo necesita verte íntegro, fuerte, con el control absoluto de la situación. ¿Cómo reaccionas?*
    a) – 1 punto
    b) + 3 puntos
    c) – 3 puntos

## Cuarenta puntos o más

Si alcanzas los cuarenta puntos o más es que has entendido perfectamente la esencia de este manual. Eres todo un investigador de lo paranormal, estás preparado para iniciarte en este apasionante mundo, aunque recuerda, esto es sólo la parte teórica, la práctica es responsabilidad tuya, nosotros no queremos incitarte a ello, porque realmente no sabemos si estás preparado, así que bajo tu responsabilidad y criterio, haz lo que consideres oportuno como persona adulta que eres. En el caso de que no lo seas, consúltalo con tus padres o tutores.

## Treinta a treinta y nueve puntos

Te recomendamos que te vuelvas a leer el manual antes de iniciarte como investigador paranormal. Hay cosas que no has entendido o memorizado aún, y eso es un riesgo según nuestro criterio. Has cogido parte de la esencia, pero aún te falta otro repaso. Seguramente en el próximo test lo harás mucho mejor.

## Quince a treinta puntos

Aún te queda mucho por aprender, lo mejor es que vuelvas a leerte el manual antes de llevar a la práctica lo que en él exponemos. Has puesto empeño en tu trabajo de aprendizaje teórico, pero necesitas volver a leer el libro. Ten en cuenta que la parte teórica es sumamente importante.

## Menos de quince puntos

¡No te has enterado de nada! ¿Has leído el manual o has hecho el test directamente? ¡Anda! ¡A estudiar un poco!